Karl Liebknecht
Klassenkampf gegen den Krieg

SEVERUS Verlag

Liebknecht, Karl; Radek, Karl: Klassenkampf gegen den Krieg. Erinnerungen und Gedanken aus dem Gefängnis. 2019
Neuauflage der Ausgabe von 1919
ISBN: 978-3-96345-178-2

Korrektorat: Lilly Pia Seidel
Satz: Lilly Pia Seidel

Umschlaggestaltung: Annelie Lamers, SEVERUS Verlag
Umschlagmotiv: www.pixabay.com

Bibliografische Information der Deutschen Nationalbibliothek: Die Deutsche Nationalbibliothek verzeichnet diese Publikation in der Deutschen Nationalbibliografie; detaillierte bibliografische Daten sind im Internet über https://dnb.de abrufbar.

Der SEVERUS Verlag ist ein Imprint der Bedey & Thoms Media GmbH, Hermannstal 119k, 22119 Hamburg

SEVERUS Verlag, 2019
http://www.severus-verlag.de
Gedruckt in Deutschland
Der SEVERUS Verlag übernimmt keine juristische Verantwortung oder irgendeine Haftung für evtl. fehlerhafte Angaben und deren Folgen.

Karl Liebknecht

Klassenkampf gegen den Krieg
Erinnerungen und Gedanken
aus dem Gefängnis

Editorische Notiz:
Der Text der vorliegenden Edition beruht auf der Ausgabe:
Karl Liebknecht: Klassenkampf gegen den Krieg, A. Hoffmann Verlag, Berlin, 1919.
Die Orthographie wurde behutsam modernisiert, grammatikalische Eigenheiten bleiben
gewahrt. Die Interpunktion folgt der Druckvorlage. Der Inhalt ist im historischen Kontext
zu lesen.

Inhalt

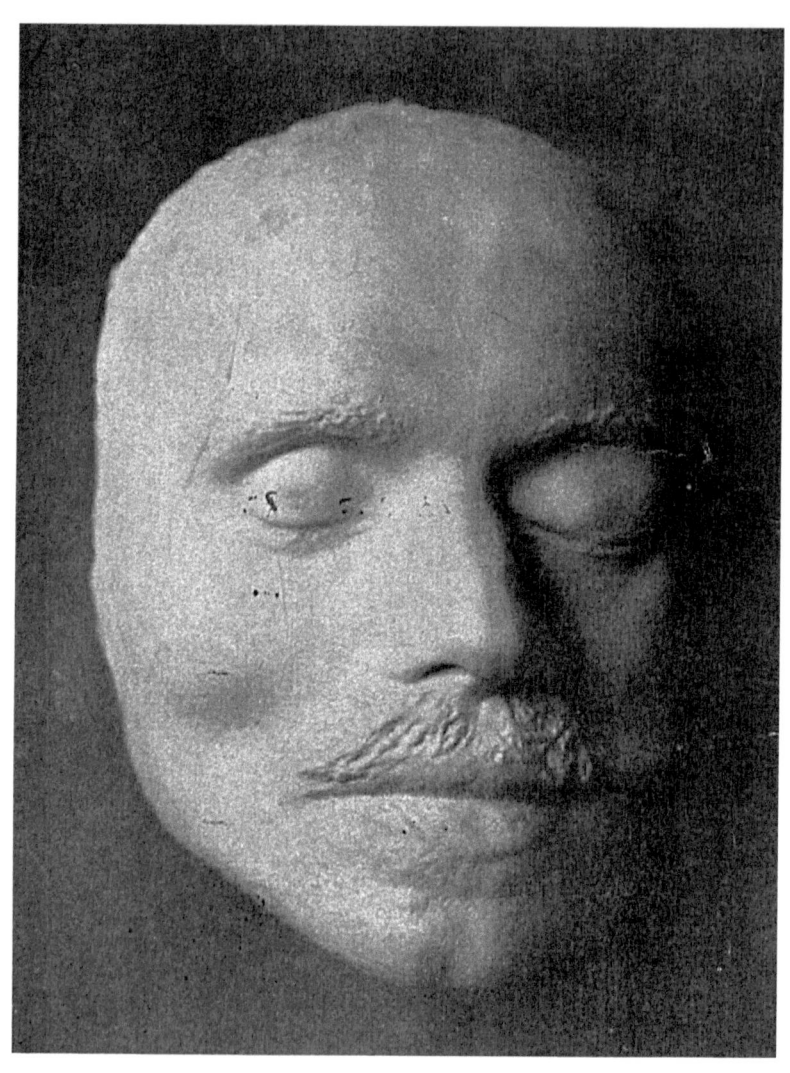

Karl Liebknechts Totenmaske

Les socialistes allemands dénonçaient surtout les fautes de la diplomatie allemande; les socialistes français dénonçaient surtout les fautes de la diplomatie française. Quand cet esprit prévaudra dans les relations internationales, la paix et le droit seront assurés.

(Die deutschen Sozialisten klagten vornehmlich die Fehler der deutschen Diplomatie an, die französischen Sozialisten vornehmlich die Fehler der französischen Diplomatie. Wenn dieser Geist in den internationalen Beziehungen herrschen wird, werden Frieden und Recht gesichert sein.)

Jean Jaurès,
»Humanité«, April 1905

Vorbemerkung

Als der »Klassenkampf« zum ersten Mal erschien, war Karl Liebknecht militärisch eingezogen. Dies zwang zur Herausgabe in der
seine Urheberschaft verkleidenden Form, die auch jetzt, um der historischen Treue willen, beibehalten ist.

Die »Betrachtungen und Erinnerungen« erscheinen zum ersten
Mal. Zum ersten Mal gewinnen die Parteigenossen den Einblick in die
schweren Kämpfe, die Liebknecht auch hinter den Kulissen zur Wahrung seines später so glänzend als richtig erwiesenen Standpunkts
durchführen musste.

D. H.

Zur Beachtung

Das nachstehende Material ist von befreundeter Seite zur privaten
Information über den »Fall Liebknecht« zusammengestellt. Die
Mitteilungen aus den Fraktionssitzungen sind kein Protokoll und können und wollen nicht vollständig oder gar wörtlich
sein. Sie sind im Wesentlichen nur eine Zusammenfassung von
Einzelheiten, die bereits in der Öffentlichkeit bekannt
wurden. Dabei haben wir es der besseren Übersicht wegen für nötig
gehalten, uns nicht streng an die chronologische Folge der
Vorgänge zu binden, sie vielmehr nach sachlichen Gesichtspunkten zu gruppieren, z.B. die einzelnen Reden, wenn sie mehrere
Gegenstände betreffen, nicht als geschlossene Einheit wiederzugeben,
sondern nach ihrem Inhalt zerlegt. Dem besonderen Zweck dieser
Materialsammlung entsprechend geben wir die Darlegungen Liebknechts, der militärisch einberufen ist, aufgrund vorliegender Aufzeichnungen mit besonderer Ausführlichkeit wieder. Die andere Seite
kommt in Presse und Versammlungen genugsam zur Geltung.

Ende März 1915

Einleitung

Ein kleines Vorspiel

Am 12. Juli 1914, d.h. elf Tage, bevor das österreichische Ultimatum den Frieden zerfetzte, fand im französischen Condé sur l'Escaut bei Valenciennes, dicht an der belgischen Grenze, im Herzen des gewaltigen französisch-belgischen Industriegebietes, über das kaum einen Monat später die entfesselte Kriegsbraut raste, eine denkwürdige Friedenskundgebung statt. Organisatoren waren die französischen Genossen Tabary und Delcourt, Redner die Genossen Roldes (Mitglied des französischen Nationalrats und der Kammer) und Jean Longuet für Frankreich, Vandersmissen für Belgien, Liebknecht für Deutschland. Die Straßen von Condé waren mit Girlanden, Tafeln, Plakaten reich geschmückt, die in vielen Sprüchen Krieg dem Kriege predigten. Über 20.000 Arbeiter aus der französischen und belgischen Umgebung mit Hunderten von Fahnen und Standarten nahmen an dem Umzug durch das altertümliche Städtchen und an der anschließenden Versammlung teil, die auf einer Wiese vor den Toren stattfand. Roldes kennzeichnete die korrumpierende und intrigante Rolle der Waffenindustrie aller Länder, der Krupp, der Waffen- und Munitionsfabriken, der Schneider-Creusot. Longuet und Vandersmissen beleuchteten die Lasten und Gefahren des Militarismus und die Aufgaben des Proletariats gegenüber den Treibereien der Chauvinisten und Imperialisten aller Länder.

Wir folgen weiter einem Bericht des Karlsruher »Volksfreund« vom 18. Juli 1914.

»Nun kam der deutsche Redner, von unaufhörlichen Rufen empfangen: >Vive l'Internationale<, >A bas la guerre<, >Vive l'Allemagne< (>Hoch Deutschland!<). Ja, aus Tausenden von Kehlen, erscholl auf französischem Boden der Ruf >Vive l'Allemagne!<, als der Deutsche aufstand, um das Wort

zu ergreifen. Dieses ›Vive l'Allemagne‹, dieses ›Es lebe Deutschland!‹, hatte in dem Munde der Tausende von französischen Arbeitern auf französischem Boden, hundert Meter von einer französischen Infanteriekaserne entfernt, etwas tief Ergreifendes. Als die Ovationen nicht enden wollten, erhob sich der Vorsitzende der Versammlung und drückte seine Freude darüber aus, dass die französischen Arbeiter ›Es lebe Deutschland!‹ rufen; damit sei aber nicht das Deutschland der Hohenzollern der Krupp, der deutschen Waffen- und Munitionsfabriken, der Liebert oder der sonstigen militaristischen Cliquen gemeint, sondern das Deutschland der Goethe und Schiller, das Deutschland der Kunst, der Wissenschaft, der Literatur und vor allem das sozialdemokratische Deutschland.«

Liebknecht sprach von den Ursachen der Kriegsgefahren, von der Solidarität der Arbeiterklasse, die in allen Ländern in gleicher Not, ausgebeutet vom internationalen Kapital, dahinlebt, vom vaterlandslosen Kapital, das die patriotische Phrase nur zu Profitzwecken nützt, dem Krieg und Friede nur Geschäft ist. Die Staatengrenzen dienen nicht den Interessen der Volksmassen. »*Qu'est-ce que c'est que nous sépare? Rien. Qu'est-ce c'est que nous unit? Tout.*« (Was ist's, das uns trennt? Nichts. Was ist's, das uns einigt? Alles.) Die Ansprache schloss mit dem Aufruf zur Sammlung aller Kräfte der Internationale zum Kampf, zum internationalen Klassenkampf gegen die Kriegshetzer, für den Frieden. Dieser Aufruf fand stürmischen Beifall.

»Eine junge Arbeiterin trug die Marseillaise de la Paix von Lamartine vor. Eine Resolution, worin die Versammelten sich verpflichteten, ihre ganze Kraft im Kampfe gegen den Krieg einzusetzen, wurde einstimmig und begeistert unter den Rufen: ›Nieder mit dem Krieg!‹, ›Es lebe der Friede!‹, ›Es lebe Deutschland!‹, ›Es lebe die Internationale‹ angenommen und unter dem Gesang sozialistischer Lieder zogen alle – die roten Fahnen weit aufgerollt – ins ruhige Städtchen und nach ihren Wohnorten zurück.«

Einem Briefe Liebknechts von Ende August sei Folgendes entnommen:

»Am 13. Juli früh fuhr ich mit Longuet nach Paris zur Kammersitzung, in der die Deckungsvorlage beraten wurde. Wir sahen den pompösen militärischen Einzug des Kammerpräsidenten, unterhielten uns mit dem Minister der Justiz Bienvenu-Martin über die brennende Amnestiefrage. Der Minister des Innern Malvy sprach uns wegen eines Missgriffs der Polizei von Condé sein lebhaftes Bedauern aus und versicherte, dass das Vorgefallene den Intentionen der

Regierung durchaus nicht entspreche. Jaurès war so kampffrisch wie je, hinrei-
ßend und voll strömender, wärmender Kraft. Wir erörterten die politische Lage.
Meine Bemerkung: >Die Demokratisierung Preußens ist nicht nur eine deut-
sche, sondern eine europäische Frage<, unterstrich er nachdrücklich und ernst:
>C'est une question européenne!<. In der Sitzung hielt Sembat eine seiner
feinen, geistreich-pointierten Reden. Mit Longuet zog ich zum Nationalrat der
Partei, der den am 14. Juli, dem Tage des Bastille-Festes, beginnenden National-
kongress vorbereitete. In der Redaktion der >Humanité< trafen wir von neuem
Jaurès. Am Nachmittag dieses Tages, des 13. Juli, hatte der Senator Humbert
seine berühmte Rede über die Missstände in der französischen Heeresverwal-
tung gehalten. Unter einem Haufen lärmender, hin- und herlaufender Menschen
schrieb Jaurès mit einer Konzentration, die sein Hirn mit dreifacher Mauer von
der Außenwelt abzusperren schien, in wenigen Minuten seinen Artikel über diese
Affäre. Wir blieben dann – ein größerer Freundeskreis – bis tief in die Nacht bei-
sammen; Jaurès unerschöpflich in Scherz und Ernst. Paris tanzte – tanzte über-
all – in den Wirtschaften, in den Cafés, auf den Straßen, auf den Plätzen. Fête
nationale, Fête de la République. Paris tanzte nach den diskreten Klängen der
Musikkapellen, deren rasch errichtete Pavillons über die ganze Stadt verstreut
lagen. Paris tanzte – Alt und Jung, Arm und Reich, Geputzt und Zerschlissen.
Es tanzte behänd und graziös – es tanzte fast lautlos – kein brutaler Ton, kein
rohes Lachen, keine gemeine Geste, kein Stoßen, kein derbes Gedränge. Wunder-
sam verhalten schien mir die Heiterkeit, die in der hellen Julinacht diese beweg-
liche, hüpfende, schwebende, wogende Menge erfüllte. Heute will es mir scheinen,
als habe eine düstere Ahnung des Fürchterlichen, was da zehn Tage später kam,
auf ihr gelastet. Ein gespenstiger danse macabre – ich werde diese Vorstellung
nicht mehr los.

  Wir saßen im Café des Grand Hotel auf dem Boulevard. Freund Duc sprach
böseste Prophezeiungen aus für die nächste Zukunft, die mein Optimismus
selbstsicher beiseiteschob. Spät trennten wir uns. Das war mein Abschied von
Jaurès. Ich fuhr mit nach Longuets kleinem Häuschen in Châtenay. Die ganze
Nacht zwitscherte es über den grünen Fluren. Am 14. gelang mir noch ein kur-
zer Blick in den Nationalkongress, der seine klugen Beratungen über die dem
Wiener Kongress vorzuschlagende Anti-Kriegs-Taktik pflog. Weill hatte eine
enthusiastische aufgenommene Ansprache gehalten. >Er spricht wie ein Fran-
zose, wie ist das möglich?< – meint ein Genosse. >Er ist so gut Franzose wie
ich und du<, antwortet Morizet. Ein kurzer, herzlicher Abschied von Renaudel

und den anderen. Dann in rascher Fahrt durch das gesegnete Land nach Basel
zu, über Belfort, wo große Massen von Deutsch-Elsässern zur Heimkehr ein-
steigen: Sie waren zum Nationalfest über die Grenze gezogen, zahlreicher wohl
als je. Die Zabern-Affäre hält die Gemüter noch in Hitze. Da liegen die Vogesen
in dunstiger Dämmerung – friedlich ladend – ein Asyl der Unrast, heute ein
blutiges Leichenfeld, hallend vom Brüllen der Kanonen. In Basel zischt von der
Münsterterrasse das letzte Feuerwerk in den schwarzen Himmel. Man feiert das
›Franzosenfest‹ auch hier in der deutschen Schweiz.

Diese Erinnerungen sind mir ins Hirn eingebrannt. Sie begleiten mich seit
dem 23. Juli 1914, wo immer ich bin.«

Der Ausbruch des Weltkrieges

Am 23. Juli 1914 erging mit 48 Stunden Frist das Ultimatum
Österreichs an Serbien.

Die »Rheinisch-Westfälische Zeitung« bemerkte dazu:

»Das österreich-ungarische Ultimatum ist nichts als ein
Kriegsvorwand, aber diesmal ein gefährlicher. Wie es scheint, stehen wir
dicht vor einem österreichisch-serbischen Kriege. Es ist möglich, dass wir
osteuropäische Brände mit Gewehren löschen müssen, aus Ver-
trägen oder aus dem Zwange des Tages. Aber es ist ein Skandal, wenn die
Reichsregierung nicht in Wien verlangt hätte, dass solche Endge-
bote ihr vorher vorgelegt werden. Heute bleibt nur eins übrig zu erklären: Für
Kriege der habsburgischen Eroberungspolitik sind wir nicht
verpflichtet.«

Dies griff die »Post« auf und unterstrich es (vgl. »Vorwärts« vom
25.7.1914, Nr. 200a.)

Am 25. Juli 1914 schrieb der »Vorwärts« von den »tobenden Ber-
serkern in Wien«:

»Sie wollen den Krieg, die gewissenlosen Elemente, die in der Wiener Hof-
burg Einfluss haben und Ausschlag geben. Sie wollen den Krieg – aus dem
Geschrei der schwarz-gelben Hetzpresse klang es seit Wochen heraus. Das österreichische Ultimatum kann der Fidibus sein, mit dem Europa an allen vier Ecken
in Brand gesteckt wird. Dieses Ultimatum ist in seiner Fassung wie in seinen For-*

derungen derartig unverschämt, dass eine Regierung, die demütig vor dieser Note zurückweicht, mit der Möglichkeit rechnen muss, von den Volksmassen zwischen Diner und Dessert davongejagt zu werden. Ein Frevel der chauvinistischen Presse *Deutschlands* war es, den teuren Bundesgenossen in seinen Kriegsgelüsten aufs Äußerste anzustacheln, und *sonder Zweifel hat auch Herr von Bethmann-Hollweg Herrn Berchtold seine Rückendeckung zugesagt. Aber in Berlin spielte man dabei ein ebenso gefährliches Spiel wie in Wien.*«

Am 24. Juli schrieb er:

»Die deutsche Sozialdemokratie macht die deutsche Regierung mit verantwortlich für alle künftigen Schritte Österreichs.«

Und die »Leipziger Volkszeitung« vom 24. Juli 1914:

»Es ist undenkbar, dass ein selbstständiges Staatswesen solche Vorschriften und Forderungen akzeptieren kann. In Österreich sind die chauvinistischen Kreise ganz besonders bankrott, ihr nationales Geheul soll ihren wirtschaftlichen Ruin verdecken und der Raub und Mord des Krieges ihre Kassen füllen.«

Die »Münchener Post« vom 25. Juli 1914:

»Diese österreichische Note ist ein Aktenstück, das in der Geschichte der letzten Jahrhunderte nicht seinesgleichen hat. Es stellt Forderungen an Serbien, deren Annahme dem Selbstmord dieses Staates gleichkäme.«

Die Breslauer »Volkswacht« vom 24. Juli 1914:

»Das Ultimatum trägt einen so provokatorischen Charakter, dass es von Serbien nur erfüllt werden kann und wird, wenn es sich wirklich ganz allein und ohne Rückhalt fühlt.«

Die »Schleswig-Holsteinische Volks-Zeitung« vom 24. Juli 1914:

»Österreich provoziert Serbien; Österreich will den Krieg, begeht ein Verbrechen, dass ganz Europa in Blut ersäufen kann.«

Der »Lübecker Volksbote« vom 31. Juli 1914:

»Das ist die Politik der Verzweiflung, des Wahnsinns, aber die gierigen Geldraffer, die zum Kriege hetzen, und die jämmerlichen Politiker wissen nicht mehr aus noch ein.«

Im Aufruf des deutschen Parteivorstandes vom 25. Juli 1914 heißt es:

»Schon wieder schickt sich die vom österreichischen Imperialismus entfesselte Kriegsfurie an, Tod und Verderben über ganz Europa zu bringen.« Es wird darin *»schärfster Protest«* gegen *»die frivole Kriegsprovokation der österreichisch-ungarischen Regierung«* erhoben, deren

Forderungen als unerhört brutal bezeichnet werden; das »verbrecherische Treiben der Kriegshetzer« wird gebrandmarkt und »gebieterisch gefordert«, dass die deutsche Regierung erstens »ihren Einfluss auf die österreichische Regierung zur Aufrechterhaltung des Friedens ausübe«, und zweitens, »falls der schändliche Krieg nicht zu verhindern sein sollte, sich jeder kriegerischen Einmischung enthalte. Kein Tropfen Blut eines deutschen Soldaten darf dem Machtkitzel der österreichischen Gewalthaber, dem imperialistischen Profitinteresse geopfert werden.« Den Parteigenossen wird zugerufen: *»Die herrschenden Klassen, die euch im Frieden knebeln, verachten, ausnutzen, wollen euch als Kanonenfutter missbrauchen.«*

Über die Aufgaben der deutschen Arbeiterklasse in dieser Situation schrieb die »Leipziger Volkszeitung« am 24. Juli 1914:

»Das österreichische Proletariat scheint dem Wahnsinn des Chauvinismus gegenüber noch machtlos zu sein. Wir Deutschen haben deshalb die Pflicht, doppelt tatkräftig zu sein. Ein Weltkrieg ist die Entfesselung der Hölle für die Völker Europas, insbesondere aber für die Ausgebeuteten und Bedrückten. In den Qualen dieser Hölle wird die letzte Täuschung über diese Ordnung, die noch in irgendeinem Proletarierhirn nistet, zuschanden werden.

Die Herrschenden sind gewarnt – das Proletariat will den Frieden! Erhält es den Krieg, so wird es auch in seinen Stürmen und Gräueln seine Ziele nicht vergessen.«

Die »Essener Arbeiterzeitung« vom 24. Juli 1914 ruft den Herrschenden in Deutschland und Österreich zu:

»Hütet euch, das Kriegsgespenst heraufzubeschwören! Ihr seid es letzten Endes, die die Zeche bezahlen!«

Die »Bergische Arbeiterstimme« vom 24. Juli 1914 sagt:

»In Deutschland aber dürfen es die Machthaber nicht wagen, das Leben eines einzigen Soldaten für die verbrecherische Machtpolitik der Habsburger aufs Spiel zu setzen, ohne den Volkszorn gegen sich heraufzubeschwören.«

Im Aufruf des Parteivorstandes vom 25. Juli 1914, der zu Friedenskundgebungen auffordert, lautet es ähnlich; er schließt:

»Wir wollen keinen Krieg! Nieder mit dem Kriege! Hoch die internationale Völkerverbrüderung!«

Im Aufruf des Parteivorstandes vom 31. Juli 1914 – nach Verhängung des Kriegszustandes – stehen die Worte:

»Nicht mit fatalistischem Gleichmut werden wir die kommenden Ereignisse durchleben. Wir werden unserer Sache treu bleiben, werden fest zusammenhalten, durchdrungen von der erhabenen Größe unserer Kulturmission.«

An diesen ehernen Worten möge man die spätere »Haltung« der Partei messen.

Die Regie

Das »E c h o d e P a r i s « berichtete, der deutsche Botschafter in Paris, von Schön, habe dem französischen Minister des Äußeren eine Note überreicht, die Folgendes enthalten habe:

1. dass die deutsche Regierung sowohl den Inhalt wie die Form der österreichischen Note vollkommen billigt,

2. dass die deutsche Regierung hofft, die Diskussion zwischen Wien und Belgrad werde lokalisiert bleiben,

3. dass, wenn eine dritte Macht intervenieren würde, daraus eine schwere Spannung zwischen den beiden großen Mächtegruppen in Europa entstehen würde.

Dazu wurde in deutschen Blättern bemerkt, dass es sich um keine Note gehandelt habe, sondern Herr von Schön habe Viviani nur gesprächsweise erklärt, dass Deutschland sich in völliger Übereinstimmung mit Österreich befinde, den Inhalt der Note an Serbien durchaus billige, und dass im Fall des Eingreifens einer dritten Macht, das die deutsche Regierung nicht erwarte, der Bündnisfall allerdings gegeben wäre.

(»Vorwärts«, 25. Juli 1914, Nr. 200a.)

Es folgte ein W o l f f - T e l e g r a m m a u s P a r i s v o m 2 5 . J u l i :

»Wir sind in der Lage festzustellen, dass die mündlichen Mitteilungen, welche der Botschafter Freiherr von Schön dem interimistischen Minister des Äußeren Bienvenu-Martin gemacht hat, keineswegs eine drohende Spitze enthalten, wie sie in der sonst durch ihre Indiskretion befremdenden Meldung des ›Echo de Paris‹ zum Ausdruck gelangte. Ebenso ist die Schlussfolgerung des Blattes, dass die österreichische Note das Ergebnis einer Verabredung zwischen Deutschland und Österreich sei, unzutreffend.«

Die gleichzeitig am 25. Juli von der französischen »Agence Havas« veröffentlichte Note (aus Paris datiert) lautet erstaunlich leichtgläubig und optimistisch:

»Aus Informationen aus autorisierter Quelle geht hervor, dass vor der Absendung der Note an Serbien keine Verständigung zwischen Deutschland und Österreich-Ungarn stattgefunden hat. Deutschland beschränkt sich darauf, diese Note zu billigen, die nicht den Charakter eines Ultimatums hat, sondern die Forderung nach einer Antwort mit befristeter Zeit darstellt. Seine Haltung ist mit Unrecht so dargestellt worden, als ob sie eine Drohung bedeute. Sie darf nur interpretiert werden als Kennzeichnung des Wunsches, dass die Meinungsverschiedenheit zwischen Österreich-Ungarn und Serbien lokalisiert bleiben möge.«

Die halbamtliche »Norddeutsche Allgemeine Zeitung« richtete gegen alle Optimisten jedoch bereits am 26. Juli 1914 an der Spitze ihrer Wochenschau folgenden kalten Wasserstrahl:

»Die von Österreich-Ungarn an Serbien gestellten Forderungen müssen gerechtfertigt erscheinen.

Sollte wider Erwarten Serbien diese Forderungen ablehnen, so hoffen wir, dass im Gefühl des Ernstes der Lage die Regierungen der Großmächte sich sämtlich angelegen sein lassen werden zu verhüten, dass aus der unvermeidlichen österreichisch-serbischen Auseinandersetzung weiter um sich greifende Verwicklungen hervorgehen.«

Man erkennt schon hier das Wechselspiel mit verteilten Rollen, dem gewiss zum Teil Interessen- und Meinungsgegensätze in der Regierung und unter ihren Drahtziehern zugrunde liegen.

Am 30. Juli 1914 wurde mittags in Berlin ein Extrablatt des »Lokal-Anzeigers« verbreitet, das die Mobilisation des ganzen deutschen Heeres und der ganzen deutschen Flotte meldete. Wenn auch eine halbe Stunde später ein zweites Extrablatt des »Lokal-Anzeigers« diese Meldung als unrichtig bezeichnete, so war sie doch in die Welt gesetzt und tat in Petersburg und Paris ihre unausbleibliche Wirkung. Ein Artikel, der damals durch die Parteipresse lief, spricht von einem »Verbrechen« und betont:

»Es ist kaum daran zu zweifeln, dass das Extrablatt des als offiziös bekannten Blattes ein Werk der (deutschen) Kriegspartei war, die die Regierung vor eine vollendete Tatsache stellen wollte.«

Am 28. Juli hatte der Telegrammwechsel zwischen dem deutschen Kaiser und dem Zaren eingesetzt, der – ganz heilig-allianzlich – mit dem kaiserlichen Appell an die internationale Solidarität der Fürsten aller Länder *in puncto* der politischen Attentate anhub, dem deutschen Publikum einseitig zurechtgestutzt mitgeteilt und mit einer Demagogie ohnegleichen ausgenutzt wurde.

Die Wandlung

Ende Juli trat in einer großen Zahl von Parteizeitungen ein völliger Umschwung ein.

Am 31. Juli und 1. August machte ein Artikel die Runde, in dem es hieß:

»*Wenn die verhängnisvolle Stunde schlägt, werden die Arbeiter das Wort einlösen, das von ihren Vertretern für sie abgegeben worden ist. Die vaterlandslosen Gesellen werden ihre Pflicht erfüllen und sich darin von den Patrioten in keiner Weise übertreffen lassen.*«

Die »Münchener Post« schrieb am 1. August:

»*In der Pflicht der Landesverteidigung gegen das Blutzarentum lassen wir uns nicht zu Bürgern zweiter Klasse machen.*«

Die Mannheimer »Volksstimme« vom 31. Juli beteuerte, dass, »die letzte Entscheidung«

»*über alle Klassenunterschiede und Weltanschauungen hinweg ein einiges, allseitig geschlossenes Volk finden*« werde, »*bereit, mit dem letzten Blutstropfen die Unabhängigkeit und Größe Deutschlands gegen jeden Feind zu verteidigen*«.

Ähnliche Gelübde künftiger Kriegsbegeisterung legten damals auch andere Zeitungen ab, und schon bei den Friedensdemonstrationen, in der Maienblüte des Kampfes gegen den Weltkrieg, hatten manche sozialdemokratische Redner das zum Krieg einladende Rezept ausgegeben: »Bis – aber nur bis Kriegsausbruch – Krieg dem Kriege! Kommt der Krieg doch: Mit Herz und Hand fürs Vaterland!«.

Eine raffinierte Regie hatte es verstanden, mit erstaunlicher Geschicklichkeit Russland in die Rolle des frechen Friedensstörers zu schieben, die noch wenige Tage vorher für fast die ganze öffentliche Meinung Deutschland und Österreich gespielt hatten. Die aufgeregte Kritiklosigkeit erleichterte das diplomatische Spiel.

Die – noch im Februar 1915 von der Chemnitzer »Volksstimme« galvanisierte – Parole »Gegen den Zarismus« trat in verwirrende Aktion.

Die Frankfurter »Volksstimme« vom 31. Juli schrieb:

»Mussten sie (die deutschen Arbeiter) sich aber noch der Mehrheit und Gewalt fügen – ihre ganze Energie und ihre ganze Sehnsucht als Krieger im Felde würde sich zuwenden dem Sturz des Zarismus und seines Blutregiments.«

Ebenso zahlreiche andere Blätter. Dabei sei an zwei Tatsachen erinnert: an das Wort, das der Kriegsminister bei den Beratungen der Budgetkommission des Reichstages von 1913 gesprochen hatte: Der sozialdemokratische Antimilitarismus schrecke ihn nicht; wenn es heiße: »Gegen den Zarismus«, so marschiere die ganze Sozialdemokratie. Und an die Bemerkung eines hohen deutschen Regierungsbeamten nach Ausbruch des Krieges: »Nicht wahr, unsere Parole gegen den Zarismus hat doch famos gewirkt?«

Während die deutschen Streitkräfte nach Westen und Osten vorstießen, wurden mit entrüstetem Lärm angebliche feindliche Invasionen gemeldet.

Amtlich wurden am 1. und 2. August 1914 von der deutschen Regierung die aufpeitschenden – schon 1870 erprobten – Tatarennachrichten von Brunnenvergiftungen durch französische Offiziere und Ärzte und Ähnliches verbreitet; amtlich wurde die ganze deutsche Bevölkerung gegen die in Bausch und Bogen als spionageverdächtig bezeichneten Ausländer gehetzt. Erst als diese amtlichen Kundgebungen das Volk in die angestrebten chauvinistischen Delirien, in einen wahrhaft manischen Zustand versetzt hatten, wurden sie dementiert.

All dies geschah unter dem bleiernen Druck des Belagerungszustandes, der jedes Wort der Kritik und Vernunft erstickte.

Unter dem Titel »Wie Russland Deutschland hinterging und den europäischen Krieg entfesselte« wurde das deutsche Weißbuch in Zehntausenden von Exemplaren verbreitet. »Der Zar hat unsern Kaiser betrogen«, so meinten viele gute Seelen, – »darum müssen wir den Krieg führen!«. Die Politik wurde zur Kinderstube und zum Narrenhaus. Wenn die Welt nach altem Spruch mit wenig Weisheit regiert wird, so meinte man um die Wende Juli/August 1914, das deutsche Volk werde noch immer mit viel mehr Weisheit regiert, als es verdient.

Die Internationale in den letzten Zügen

Nachdem am 29. Juli die denkwürdige Sitzung des Internationalen Büros in Brüssel stattgefunden hatte, fuhr Genosse Müller am 31. Juli im Auftrage des deutschen Partei- und Fraktionsvorstands nach Paris, um Fühlung wegen eines etwaigen Einvernehmens zwischen der französischen und der deutschen Partei zu nehmen. Irgendeine Instruktion über die voraussichtliche Haltung der deutschen Reichstagsfraktion oder einen Vorschlag zu einer gemeinsamen Aktion hatte er nicht bei sich; seine persönliche Auffassung sprach er nach einer Version dahin aus, dass die Kredite voraussichtlich von der deutschen Fraktion nicht abgelehnt würden. Nach Angabe der französischen Genossen, die dann auch von Müllers Dolmetscher, dem Genossen de Man, bestätigt und von Müller nicht widerlegt worden ist, soll er Ablehnung oder Enthaltung in Aussicht gestellt haben (»Humanité«, 26.2.1915). Jaurès war in der Nacht vor Müllers Ankunft in Paris ermordet. Nur ein kleiner Teil der französischen Fraktion war erreichbar. Es ergaben sich drei Strömungen: für Ablehnung, für Enthaltung, für Annahme der Kriegsvorlage. Eine hoffnungsvolle und bestimmte Zusicherung über die Haltung der französischen Fraktion konnte Müller auf seine nichts weniger als hoffnungsvollen und bestimmten Mitteilungen nicht erhalten, zumal sich die deutschen Angriffshandlungen gegen Luxemburg und Belgien, d.h. gegen Frankreich, bereits klar abzeichneten. So wenig er aus Berlin nach Paris gebracht hatte, ebenso wenig brachte er aus Paris nach Berlin – nachdem der Krieg bereits ausgebrochen war.

Die Offenbarungen der Diplomatie

Das Anfang August 1914 erschienene deutsche Weißbuch enthält ganze 29 Dokumente; das Ende Januar 1915 erschienene österreichische Rotbuch ganze 69; das im August vorgelegte englische Blaubuch 159; das im September 1914 herausgegebene französische Gelbbuch neben zahlreichen »Annexen« 160; das russische Orangebuch 79; das im September 1914 erschienene belgische Graubuch außer den Annexen 79 Dokumente.

Die 29 Urkunden des deutschen Weißbuchs datieren vom 23. Juli bis 1. August 1914; die 69 des österreichischen Rotbuchs vom 29. Juni bis zum 24. August 1914; die 159 des englischen Blaubuchs vom 20. Juli bis 4. August; die 160 des französischen Gelbbuchs (abgesehen von den sechs noch früheren »Avertissements«) vom 28. Juni bis zum 2. August 1914; die 79 des russischen Orangebuchs vom 23. Juli bis zum 6. August 1914; die 79 des belgischen Graubuchs vom 24. Juli bis zum 29. August 1914.

Das deutsche Weißbuch beginnt mit dem österreichischen Ultimatum an Serbien, d.h. dort, wo es aufhören und nicht anfangen dürfte. Es bringt kein einziges Dokument über die entscheidende Vorgeschichte des Ultimatums, über die Verhandlungen zwischen Berlin und Wien. Es fehlt darin auch das erst im Februar 1915 von der russischen Regierung publizierte, von der deutschen Regierung angeblich nicht für »ausschlaggebend« erachtete (vgl. »Norddeutsche Allgemeine Zeitung« vom 4. Februar 1915) Telegramm des Zaren vom 29. Juli 1914 an den Deutschen Kaiser, in dem sich der Zar über den sehr großen Unterschied zwischen dem Ton der »offiziellen Mitteilungen« des deutschen Botschafters in Petersburg und dem »versöhnlichen« Ton des persönlichen Telegramms des Deutschen Kaisers beklagt und die Anrufung des Haager Schiedsgerichtes vorschlägt. Es fehlt darin schließlich das ungeheuer wichtige deutsche Ultimatum an Belgien vom 2. August 1914 und jede Andeutung über die diesem Ultimatum vorangegangenen Verhandlungen mit der belgischen Regierung; dies alles wurde dem Reichstage noch am 4. August 1914 einfach verschwiegen; erst mehrere Tage danach wurde das Ultimatum an Belgien den deutschen »Untertanen« ganz zufällig durch ausländische Zeitungen bekannt; die deutsche Regierung hat in dieser fundamentalen Frage den Reichstag und das deutsche Volk geradewegs hinters Licht geführt.

Das österreichische Rotbuch bringt gleichfalls keinen Buchstaben über die entscheidenden Verhandlungen zwischen Berlin und Wien; immerhin ergibt es, dass der österreichische Botschafter in Berlin bereits am 22. Juli den Wortlaut des am gleichen Tage dem österreichischen Botschafter in Belgrad übermittelten Ultimatums zur Mitteilung an die deutsche Regierung in Händen hatte, und dass die deutsche Regierung zweifellos auch von dem W o r t l a u t e des Ultimatums unterrichtet war, bevor es am 23. Juli 1914, nachmittags, in Belgrad überreicht wurde; dass die deutsche Regierung also noch vor Überreichung des Ultimatums hätte eingreifen können. Die Überreichung des Ultimatums aber war der Krieg.

Schon einige Zeit vor dem 23. Juli 1914 soll nach zuverlässiger Mitteilung in süddeutschen Regierungskreisen bekannt gewesen sein, dass Österreich an Serbien ein Ultimatum stellen werde, das nicht angenommen werden könne. Schon am Morgen des 23. Juli erschien der wesentliche Inhalt des erst am Nachmittag in Belgrad überreichten Ultimatums in einer Münchener Zeitung. Dass die deutsche Regierung über das verhängnisvolle Ultimatum vor seiner Überreichung unterrichtet war, hat sie, wie oben gezeigt, Ende Juli 1914 in Paris eingeräumt; ob sie den genauen Wortlaut vorher gekannt hat, ist unerheblich.

In der Denkschrift zum deutschen Weißbuch heißt es:

»Aus vollem Herzen konnten wir unserem Bundesgenossen unser Einverständnis seiner Einschätzung der Sachlage geben und ihm versichern, dass eine Aktion, die er für notwendig hielt, um der Bewegung in Serbien ein Ende zu machen, unsere Billigung f i n d e n w ü r d e. Wir waren uns hierbei wohl klar, dass ein etwaiges kriegerisches Vorgehen Österreich-Ungarns gegen Serbien Russland auf den Plan bringen würde und uns hiermit, unserer Bundespflicht entsprechend, in einen Krieg verwickeln könnte. Wir ließen Österreich völlig freie Hand in seiner Aktion gegen Serbien.«

Die Kammerrede des früheren italienischen Ministerpräsidenten Giolitti vom 5. Dezember 1914 erbrachte den Beweis, dass Österreich schon im August 1913 den Krieg wollte.

Am 9. August 1913 depeschierte der damalige italienische Minister di San Giuliano an Giolitti:

»Österreich hat uns und Deutschland seine Ansicht mitgeteilt, Serbien anzugreifen und bezeichnet seine Haltung als eine Defensive in der Hoffnung, den casus foederis *anwenden zu können. Ich glaube, dass dieser* casus foederis *nicht in Betracht kommen kann.«*

Giolitti antwortete, es sei klar, dass der Bündnisfall bei einem Angriff Österreichs auf Serbien nicht vorliege. Es sei notwendig, dass dieser Standpunkt Italiens in der formellsten Weise Österreich mitgeteilt werde, und zu erwarten, dass Deutschland Österreich von diesem außerordentlich gefährlichen Abenteuer zurückhalte. (Zitiert nach der »Berner Tagwacht« vom 7. Dezember 1914.)

Nach der »Vossischen Zeitung« vom 7. Dezember 1914 führte Giolitti aus:

»Er erinnere im Hinblick auf Italiens volle Berechtigung, die Neutralität in dem jetzigen Kriege zu erklären, daran, dass schon im Jahre 1913 Österreich an eine Aktion gegen Serbien dachte, der es den Charakter einer Defensive geben wollte.«

Giolitti, der Ministerpräsident Salandra und die ganze italienische Kammer waren einmütig der Überzeugung, dass der Fall vom Juli 1914 nicht anders lag als der Fall vom August 1913.

In der Presse des neutralen Auslandes wurde – ohne Dementi! – folgende angebliche Ausführung Salandras verbreitet:

»Als die österreichisch-serbischen Beziehungen nach der Mordtat von Sarajevo aufs Höchste gespannt waren, hielt der Marquis di San Guiliano es Anfang Juli 1914 für seine Pflicht, Wien anzuraten, einige Mäßigung zu zeigen, um zu verhüten, dass Russland zugunsten von Serbien eingreife. Österreich antwortete, es glaube nicht, dass Russland nach dem Kriege mit Japan hinlänglich vorbereitet sei, militärische Operationen zur Unterstützung Serbiens zu unternehmen, und führte als Beweis an, dass Russland während der ganzen Londoner Konferenz nach dem Balkankrieg nicht imstande war, sein Übergewicht über die Balkanstaaten geltend zu machen. Giuliano antwortete: Seine Berichte zeigten, dass der Zustand verändert sei und Russland keinen Versuch zulassen werde,

der darauf abziele, die Unabhängigkeit oder Souveränität Serbiens zu beschrän-
ken oder dessen Gebiet zu verkleinern. Österreich erwiderte, wenn Russland
eingreife, werde Deutschland am Kriege teilnehmen. Der italienische Minister
wies auf den großen Ernst dieser Kombination hin, da die Aktion Deutschlands
unvermeidlich das Eingreifen Englands zur Folge haben werde. Wien
und Berlin antworteten, sie seien überzeugt, dass Großbritannien im letzten
Augenblick das Risiko nicht werde auf sich nehmen wollen, sich in einen europäi-
schen Krieg einzumischen. Marquis di San Guiliano erwiderte, diese Auffassung
sei unrichtig, seine Informationen ließen erkenne, dass man gerade das Gegenteil
erwarten könne. Aber seine Warnung wurde nicht beachtet. An Serbien wurde
ein Ultimatum gesandt, ohne dass Italien in Kenntnis gesetzt oder um Rat
gefragt wurde. Die Ereignisse hatten dann einen schnellen Verlauf.«

Um den 4. August 1914[1]

Noch wenige Tage vor dem 3. August 1914 wiegten sich viele Genossen in dem Wahne, dass die Ablehnung der Kriegskredite für die
Mehrheit der Reichstagsfraktion selbstverständlich und zweifellos sei.
Indessen hatten schon Ende Juli – wie oben gezeigt – Parteizeitungen
und Parteiredner verkündet: die Sozialdemokratie protestiere zwar
gegen den Krieg, wenn er aber dennoch komme, so würde sie »dem
Vaterlande ihre Hilfe nicht versagen«. Und schon am 1. August ver-
lautete in der bürgerlichen Presse, die Sozialdemokratie werde voraussichtlich am 4. August die Kredite bewilligen. Am 3. August fand die
erste und entscheidende Sitzung der sozialdemokratischen Reichstagsfraktion statt, wo der sofort in alle Welt telegraphierte Bewilli-
gungsbeschluss gefasst wurde. Bei dieser Gelegenheit stellte sich der
Zusammenbruch des sogenannten radikalen Flügels der Fraktion heraus. Von drei Genossen, Ledebour, Lensch, Liebknecht, wurde in aller
Hast – nur Minuten standen zur Verfügung – der notdürftige Entwurf
einer der Fraktion vorzuschlagenden Erklärung redigiert, die mit Verweigerung der Kredite schloss.

---

1   Wegen der Angaben über die Fraktionssitzungen vgl. die Bemerkung auf S. 3.

In der Fraktionssitzung ergriff David als Erster das Wort. Er meinte, der Augenblick gebiete, sich von überkommenen Vorstellungen loszusagen und umzulernen; die Sozialdemokratie werde in dieser Zeit noch in vielen Dingen umlernen müssen. Er beantragte im Namen der Mehrheit des Fraktionsvorstandes die Bewilligung der Kredite; sie möge mit einer Erklärung motiviert werden – aber mit einer Erklärung, die alle Polemik vermeide, die sich ohne Vorbehalt schlechthin mit der Regierung und allen bürgerlichen Parteien solidarisch erkläre – was dem Gros der Bewilligungsfreunde immerhin zu weit ging. Für die Bewilligung wurden u.a. die angeblichen feindlichen Invasionen von Ost und West ins Feld geführt, Grenzgeplänkel, denen wichtige deutsche Angriffshandlungen gegenüberstanden (z.B. Besetzung des neutralen Luxemburg, Beschießung von Libau, die Vorbereitung zum Überfall auf Belgien, die freilich damals dem deutschen Volk noch verschwiegen wurde). Man hörte die Parole: »Gegen den Zarismus«, Bebels Flintenrede, die stereotyp gewordenen literarischen »Beweise«. Es hieß weiter u.a.: »Der Volksstimmung dürfen und können wir uns nicht entgegenwerfen; Jaurès Ermordung und die (damals lügenhaft gemeldete!) Ermordung Caillaux' zeigen den Hitzegrad der Kriegsstimmung in Frankreich; durch diesen Krieg wird Deutschland Frankreich vom Bündnis mit Russland befreien; die russische Niederlage bedeutet den Sturz des Zarismus; die deutsche Sozialdemokratie kann sich in einem solchen Moment nicht ausschalten lassen; unsere Organisationen werden vernichtet, zertrümmert, wenn wir die Kredite verweigern – das >Ja< aber wird die Stellung der Sozialdemokratie gewaltig stärken – die Regierung wird nicht mehr in der Lage sein, diese Partei als außerhalb des Gesetzes stehend zu behandeln; eine starke demokratische Welle wird nach dem Kriege kommen.« Kautsky, der die Konstruktion der Notstandskredite anregte, schlug vor: der Regierung die Zusicherung abzufordern, dass sie keine Eroberungen wolle, und bei Abgabe der Zusicherung zu bewilligen, bei Verweigerung abzulehnen; der Vorschlag fand allgemeine Zurückweisung.

Die Mehrheit hörte nur mit Ungeduld und Unruhe die Vertreter der Minderheit an. Ein Schlussantrag machte der sehr erregten Debatte ein ziemlich frühes Ende.

Nur 14 Genossen (außer dem fehlenden Emmel, der sich später im gleichen Sinne aussprach) stimmten gegen die Kreditbewilligung (Albrecht, Antrick, Bock, Geyer, Haase, Henke, Herzfeld, Kunert, Ledebour, Lensch, Liebknecht, Peirotes, Rühle, Vogtherr). 78 stimmten dafür. Einige sollen sich der Stimme enthalten haben.

Haase beantragte, die Erklärung durch Scheidemann verlesen zu lassen. Hoch und andere widersprachen und forderten die Verlesung durch Haase, der nicht nur wie Scheidemann Vorsitzender der Fraktion, sondern auch des Parteivorstandes sei. Haase weigerte sich nachdrücklich, ließ sich aber, von zahlreichen Fraktionsmitgliedern bestürmt, schließlich dazu bewegen.

Der Antrag, bei dem Hoch auf »Kaiser, Volk und Vaterland« mit aufzustehen, wurde bekämpft, aber unter Hinweis auf die in der Erwähnung von Volk und Vaterland liegende Konzession mit großer Mehrheit angenommen.

Eine Kommission zur Ausarbeitung der Erklärung wurde eingesetzt. Sie legte am Morgen des 4. August das Produkt ihres Schweißes vor, das mit einigen kleinen Änderungen Annahme fand. Stadthagen forderte vergeblich eine scharfe Wendung zur Kennzeichnung der innerpolitischen Zustände Deutschlands. Liebknechts Antrag, unseren französischen Freunden wenigstens noch ein Wort der Sympathie und Brüderlichkeit zuzurufen, führte – nachdem er von Frank bekämpft war – zur Einfügung einer nichtssagenden Floskel. Sein weiterer Antrag, auch für Österreich jede Eroberungspolitik abzulehnen, fiel; David bemerkte hierbei, dass die Frage österreichischer Eroberungen viel zu kompliziert liege, als dass sie kurzweg schlechthin verneint werden könnte.

In der ersten Plenarsitzung klatschten mehrere sozialdemokratischen Abgeordnete (Südekum, Heine, Frank, Wendel und andere) Beifall rufend einigen Stellen der Reichskanzlerrede zu. Unmittelbar nach dieser und vor der zweiten kurz danach eröffneten Plenarsitzung fand eine kurze Fraktionssitzung statt, in der es zunächst wegen dieser »patriotischen« Kundgebungen zu heftigen Zusammenstößen kam; für die zweite Sitzung wurden derartige Kundgebungen durch besonderen Fraktionsbeschluss verboten – um am 2. Dezember doch wiederholt und in der Fraktion von Heine gerühmt zu werden. Es wurde weiter mitgeteilt, dass die Regierung eine Abschwächung des gegen Eroberungen gerichteten Passus der Erklärung wünsche, weil die drohende Gefahr des englischen Eingreifens durch diesen Passus verschärft werden könne. Dem Wunsche der Regierung wurde entsprochen.

Versuche, eine abweichende Abstimmung der Vierzehn im Plenum zu erzielen, waren in der Überstürzung der wenigen Stunden misslungen. Haase, selbst ein Vertreter der Kreditverweigerung, hatte sich zur Abgabe der Erklärung bestimmen lassen; auch die Minderheit rechnete noch damit, dass die Partei im Übrigen dennoch eine oppositionelle Politik, eine Politik des Klassenkampfes auch während des Krieges treiben werde, dass die Kreditbewilligung vom größten Teil der Mehrheit nur in dem revolutionären Sinn des viel missbrauchten Engels-Artikels gemeint sei und schroffste Konflikte zwischen Partei und Staatsgewalt nicht ausbleiben würden; man trug Bedenken, sich in dieser gefahrvollen Lage, in der man die Partei trotz alledem vermeinte, von der Mehrheit der Fraktion öffentlich zu trennen. Aus diesen und zahlreichen anderen Gründen kam kein öffentliches Minderheitsvotum zustande. Der Gedanke, sich durch das traurige Mittel des heimlichen Hinausschleichens um jede Entscheidung zu drücken, schied selbstverständlich aus.

Alsbald nach dem 4. August zeigten sich in der Partei, besonders in ihrer Presse, die bedenklichsten Erscheinungen – Chauvinismus, Annexionssucht, Harmonieduselei; besinnungslose Solidarisierung mit den Todfeinden des Proletariats von gestern und von morgen, die plötzlich in einer trüben Einigkeitsphrasen-Hochflut zu Busenfreunden von heute umgewaschen wurden.

Der »Fall Liebknecht«

Die Ouvertüre

Ende August 1914 regte Liebknecht bei dem Berliner Zentralvorstand die Abhaltung von Versammlungen gegen die Annexionshetze und für den Frieden an. Gleichzeitig ersuchte er den Parteivorstand um Veranstaltung solcher Versammlungen, um Erlass eines Manifestes im gleichen Sinne (unter Zuziehung des Fraktionsvorstandes) und um Versendung eines Zirkulars an die Presse, das sie zur Pflicht und Wahrung des Programms aufrufen sollte. Die Versammlungen wurden abgelehnt, weil zu befürchten sei, dass sich in ihnen Genossen zugunsten von Annexionen aussprechen könnten. Ein Manifest wurde für die allernächste Zeit zugesagt.

Vom 4. bis 12. September war Liebknecht in Belgien; am 13. September in Amsterdam. In Stuttgart wollte Liebknecht am 21. September in einer Versammlung »gegen die Annexionshetze« sprechen; sie wurde verboten. Er nahm dann an einer Funktionärversammlung der Stuttgarter Parteiorganisation teil, die Anlass zu vielen Erörterungen gab.

In einem Vorort von Berlin wurde für Mitte September 1914 eine Versammlung der vorgeschlagenen Art in Aussicht genommen; sie wurde verschoben, da Liebknecht verreist war. Im Oktober wurden für zwei Berliner Vororte Versammlungen mit dem Thema: »Ein Ende dem Völkermord! Gegen die Annexionshetze!« (Referenten Liebknecht und R. Luxemburg), einberufen. In den Annoncen wurde das Thema, auf dessen Publikation in der Presse besonderes Gewicht gelegt wurde, von der Expedition des »Vorwärts« gestrichen, wodurch die Versammlungen, die als Demonstrationsversammlungen gedacht waren, vereitelt wurden.

23

Urkunden

Berlin, den 3. September 1914

An die Redaktion der »Bremer Bürger-Zeitung«
Werte Genossen!

Wie ich erfahre, haben mehrere Genossen und einige Parteizeitungen allerhand über die Beratungen der deutschen Reichstagsfraktion vom 3. und 4. August dieses Jahres veröffentlicht. Danach soll in der Fraktion über die politische Lage und unsere Stellung zu ihr keine ernstliche Meinungsverschiedenheit bestanden haben und der Beschluss auf Bewilligung der Kriegskredite einstimmig gefasst sein.

Um einer unerträglichen Legendenbildung entgegenzuwirken, sehe ich mich genötigt, festzustellen, dass in der Fraktion über die bezeichneten Punkte diametral gegensätzliche Auffassungen geherrscht haben, die in Debatten von bisher unerhörter Leidenschaftlichkeit ihren Ausbruch fanden und ein einmütiges Votum schlechterdings ausschlossen. Darnach ist es auch ganz unrichtig, dass der Beschluss über die Bewilligung der Kriegskredite einstimmig gefasst sei.

Die Erörterung der Einzelheiten muss auf eine Zeit aufgespart werden, die dazu wenigstens annähernd die gleiche Freiheit der Meinungsäußerung gewährt, wie sie unter dem gegenwärtigen anormalen politischen Zustand die Verfechter der Kreditbewilligung in so reichem Maße genießen.

Ich bitte Sie dringend, die vorstehenden Zeilen abdrucken zu wollen.

Mit Parteigruß

Ihr
(gez.) Karl Liebknecht

***

An die Redaktionen einiger schwedischer, italienischer und Schweizer Parteizeitungen

Die Genossen Dr. Südekum und Richard Fischer haben in der Parteipresse des neutralen Auslandes (Schweden, Italien, Schweiz) den Versuch unternommen, die Haltung der deutschen Sozialdemokratie im gegenwärtigen Kriege im Lichte i h r e r Auffassung darzustellen. Wir sehen uns dadurch gezwungen, an der gleichen Stelle zu erklären, dass wir und sicherlich viele andere deutsche Sozialdemokraten den Krieg, seine Ursachen, seinen Charakter sowie die Rolle der Sozialdemokratie in der gegenwärtigen Lage von einem Standpunkte betrachten, der demjenigen der Genossen Südekum und Fischer durchaus nicht entspricht. Der Belagerungszustand macht es uns vorläufig unmöglich, unsere Auffassung öffentlich zu vertreten.

Am 10. September 1914

Karl Liebknecht, Rosa Luxemburg, Franz Mehring, Clara Zetkin

***

Berlin, den 26. September 1914

Werter Genosse!

Man hat versucht und versucht weiter, die Haltung der Minorität unserer Reichstagsfraktion misszuverstehen und zu verunglimpfen ... Die Gründe für ihre Auffassung jetzt im Einzelnen auseinanderzusetzen, liegt leider nicht im Bereich der Möglichkeit. Nur darauf will ich hinweisen, dass es meiner Ansicht nach die Pflicht der deutschen Reichstagsfraktion gewesen wäre, in der schärfsten Form jede Verantwortung für diesen Krieg abzulehnen, der durch eine von uns seit je bekämpfte Politik hervorgerufen ist, an dem die herrschenden Klassen Deutschlands in hohem Grade mitschuldig sind, und der im Allgemeinen eine Folge der von uns grundsätzlich bekämpften kapitalistisch-imperialistischen Entwicklung darstellt. Nur die schärfste Form des Protestes war hier ausreichend. Durch die Bewilligung der Kredite hat die sozialdemokratische Reichstagsfraktion trotz aller in der abgegebenen Erklärung enthaltenen Vorbehalte die Verantwortung mit übernommen. Der Fehler war umso größer, je weniger die Darstellung unserer Regierung über die unmittelbare Veranlassung des Krieges zutrifft und je mehr es sich um einen deutschen Präventivkrieg handelt, der nach dem Willen höchst maßgebender Kreise ein Eroberungskrieg, ein kapitalistischer Expansionskrieg ist. Ich brauche nicht hervorzuheben, dass nach meiner Überzeugung jede Annexion eine weitere dauernde Gefährdung des Friedens, nicht aber eine Friedenssicherung darstellen würde. Selbst vom denkbar »nationalsten« Standpunkte aus hat unsere Fraktion einen ungeheuerlichen Fehler gemacht. Durch ihre Zustimmung hat sie zugleich alle Dämme niedergerissen, die im Auslande dem Kriege und der äußeren und inneren Beteiligung der Volksmassen an diesem Kriege entgegenstanden. Bei einer anderen Haltung unserer Fraktion hätte der Krieg insbesondere weder in Frankreich noch in Russland, noch in England, so populär werden können, wie er geworden ist. Sembat und Guesde wären nicht in das Ministerium eingetreten, die Trades Unions hätten sich nicht für die englischen Anwerbungen eingesetzt. Kurzum, auch die Feinde Deutschlands sind durch das Verhalten der deutschen Sozialdemokratie gestärkt worden, und, wie mir scheint, gewaltig. Meine Hoffnung ist, dass es noch jetzt, während des Krieges, gelingen möge, die dem Krieg entgegenwirkenden und ihn abschwächenden internationalen Kräfte zum Heile der gesamten Menschheit und jedes einzelnen Volkes zu entfalten. Das ist die Aufgabe, der sich jeder von uns an seinem Teile nach Kräften zu widmen hat. Ich zweifle nicht daran, dass Sie mir zustimmen.

Mit freundlichen Grüßen

Ihr
(gez.) Karl Liebknecht

***

Der Kreisvorstand des Kreises N. N. und der Vorstand des Ortsvereins N. N. beschließen in kombinierter Sitzung:

Den Parteivorstand zu ersuchen, mit allen Mitteln darauf hinzuwirken, dass die Partei und insbesondere die Parteipresse den Grundsätzen unseres Parteiprogramms entsprechend geleitet wird, dass den sich immer mehr häufenden groben Verstößen gegen das Parteiprogramm mit Nachdruck entgegengetreten wird, und dass der Parteivorstand im geeigneten Moment eine öffentliche Kundgebung gegen die Annexionspolitik und für baldigen Frieden erlässt.

***

Antwort des Parteivorstandes vom 5. Oktober 1914:
Werter Genosse!

Der Parteivorstand hat von der uns übermittelten Resolution der kombinierten Sitzung des Kreisvorstandes des Wahlkreises N. N. und des Ortsvorstandes von N. N. Kenntnis genommen. Wir haben zu dieser Resolution zu bemerken, dass der Parteivorstand, soweit das notwendig war und soweit das möglich war, im Sinne der in der Resolution enthaltenen Wünsche gewirkt hat, und dass es deshalb einer solchen Resolution nicht bedurfte.

Mit Parteigruß

H. Müller

***

Resolution

»Die am 11. Oktober 1914 in N. N. abgehaltene erweiterte Konferenz der Vorsitzenden der Ortsvereine des Kreises N. N. macht sich die Resolution des Kreisvorstandes und des N. N. Ortsvorstandes vom 29. September 1914 zu eigen und wiederholt sie mit Nachdruck.

Gegenüber der Antwort, die der Parteivorstand unter dem 5. Oktober dieses Jahres auf diese Resolution erteilt hat, erklärt die Konferenz:

27

Wenn der Parteivorstand am Schluss schreibt, >dass es einer solchen Resolution nicht bedurfte<, so ist dies zurückzuweisen. Selbst wenn der Inhalt der Resolution vom Parteivorstand bereits aus eigenem Antriebe befolgt wäre, würde eine solche Resolution nicht überflüssig sein; es müsste dem Parteivorstand nur willkommen sein, eine Unterstützung seiner Aktion durch eine Parteiorganisation zu finden.

Die Konferenz stellt aber fest, dass der Parteivorstand, wie insbesondere die tägliche Haltung eines großen Teiles der Parteipresse zeigt, keineswegs ausreichend in diesem Sinne gewirkt hat. Besonders tritt das zutage in dem Verhalten des Parteivorstandes gegenüber dem Verbot des >Vorwärts<. Die Konferenz bedauert dies Verhalten auf das Lebhafteste.«

***

Berlin, den 15. Oktober 1914

An den Vorstand des sozialdemokratischen Kreiswahlvereins N. N.
Werte Genossen!

Von der uns durch Brief vom 13. Oktober d. J. übermittelten und am 11. Oktober gefassten Resolution haben wir Kenntnis genommen. Zu dem Inhalt der Resolution bemerken wir:

Der Parteivorstand hat seit Beginn des Krieges sowohl schriftlich auf dem Wege des Zirkulars als auch mündlich auf einer Konferenz sozialdemokratischer Redakteure dahin gewirkt, dass die Parteipresse entsprechend den Grundsätzen des Parteiprogramms geleitet wird. Der Parteivorstand hat also sein Möglichstes getan; wäre er noch weiter gegangen, so wäre sein Vorgehen sicherlich als undemokratisch und als ein Verstoß gegen die im Rahmen der Parteigrundsätze bestehende Meinungsfreiheit zurückgewiesen worden. Weil wir in diesem Sinne unablässig wirkten, haben wir in unserem Briefe vom 5. Oktober festgestellt, dass es einer ermahnenden Resolution für den Parteivorstand nicht bedurfte.

Entschieden verwahren wir uns gegen den Vorwurf, dass der Parteivorstand gegenüber dem Verbot des »Vorwärts« in diesem Sinne nicht ausreichend gewirkt habe. Der Parteivorstand hat gerade in diesem Falle den Standpunkt der Partei gegenüber der Regierung entschieden gewahrt.

Der Parteivorstand hat weiter im Rahmen der Parteiinstanzen dagegen protestiert, dass der »Vorwärts« nach dem Verbot den Charakter eines farblosen Blattes bekäme. Wenn die in N. N. versammelte Konferenz deshalb das Verhalten des Parteivorstandes auf das Lebhafteste bedauert, so kann das nur darauf beruhen, dass die Konferenz über die Haltung des Parteivorstandes falsch unterrichtet wurde.

Mit Parteigruß

gez. (Unterschrift.)

***

Liebknecht war am 22. September nach Berlin zurückgekehrt. Am 27. und 28. September fanden eine Parteiausschusssitzung und eine Redakteurkonferenz statt. Am 1. Oktober erhielt Liebknecht die Einladung zur Teilnahme an einer Sitzung des Parteivorstandes, die am 2. Oktober abgehalten wurde. Aus ihr entwickelte sich der nachfolgende Briefwechsel.

Ein Briefwechsel

Berlin, den 2. Oktober 1914

An den Vorstand der Sozialdemokratischen Partei Deutschlands
Berlin
Werte Genossen!

Auf meiner durch einen rein privaten Zweck unmittelbar veranlassten Reise[2] habe ich die mir bekannten und erreichbaren Genossen der Bruderparteien aufgesucht und mich mit ihnen ausgesprochen. Das ist mein selbstverständliches Recht, dass ich mir von niemandem beschränken lasse; es ist dasselbe, was fast gleichzeitig auch andere Genossen (z.B. in Holland: Müller-München, Dr. Erdmann) getan haben. Niemand konnte im Unklaren darüber sein, und niemand

---

2   Es handelt sich um Nachforschungen über einen nahen Verwandten, der bei Kriegsausbruch Student in Lüttich und seitdem verschollen war.

war im Unklaren darüber, dass dieser Besuch kein parteioffizieller war.

Gegenüber den unwahren Darstellungen über die jüngsten Parteivorgänge, die geflissentlich im Ausland wie im Inland verbreitet waren und verbreitet sind, war es geradezu ein Gebot der Selbstachtung, vor allem aber ein Interesse der deutschen Partei (wie ich sie verstehe) und der Internationale (wie ich sie verstehe), die wirklichen Vorgänge zu schildern. Jene unwahren Darstellungen hatten auch ebenso wie der Artikel des Genossen Pannekoek den Schleier der Geheimnisse längst von Einzelheiten dieser Vorgänge gelüftet; selbst bürgerliche Blätter (vgl. z.B. die Artikel von Gerlach und Schulze-Gävernitz über Franks Wirksamkeit vor dem und am 4. August d. J.) hatten »intime Details« auf den breiten Markt tragen können. Ich bedarf keiner Entschuldigung durch Hinweis etwa auf die öffentliche Erörterung der Fraktionsintimitäten aus den Kaiserhochdebatten, deren Gegenstand mikroskopische Dimensionen besaß im Vergleich mit den uns hier beschäftigenden Problemen und den sich daraus ergebenden Verpflichtungen zur öffentlichen Rechenschaft vor der deutschen Partei, vor der Internationale und vor der Geschichte. Ich habe nur in engem Kreise die Wahrheit über bereits früher – allerdings verzerrt – bekannte Vorgänge mitgeteilt. Meine Mitteilungen über die Fraktion waren so objektiv, dass z.B. die holländischen Genossen nach ihrer Erklärung gerade aus ihnen zuerst ein gewisses Verständnis für die Haltung der Mehrheit gewannen. Dass ich mich aller Kleinlichkeiten und jedes persönlichen Gezänke enthielt, brauche ich nicht hervorzuheben.

Einige Angaben der »Volksgazet« vom 25. September sind geradezu falsch – sie rühren natürlich nicht von mir her. Mein Brief an die »Bremer Bürger-Zeitung«, der, wie ich bei meiner Rückkehr aus Holland erfuhr, dort nicht gedruckt war, ist in »Het Volk« mit meinem Einverständnis abgedruckt.

Ich habe getan, was mein Recht und meine Pflicht war, und weise jeden Versuch, mir daraus einen Vorwurf zu machen, scharf zurück.

Über die Stuttgarter Affäre scheint dem Parteivorstand ein Bericht vorzuliegen, der zu durchsichtigen Zwecken frisiert ist. Der Genosse Scheidemann trug ja in der Redakteurkonferenz weitere kennzeichnete Einzelheiten vor. Sicherlich verschweigt dieser Bericht, dass ich die Fraktionsmehrheit gegen gewisse schwere Vorwürfe aus den Reihen der Genossen mit allem Nachdruck in Schutz nahm. Allerdings habe ich meinen sachlichen Standpunkt gegenüber dem Fraktionsbeschluss und gegenüber der jetzigen Haltung offizieller Parteiinstanzen und eines großen Teils der Presse ohne Umschweife und mit der Leidenschaftlichkeit vertreten, die durch den erschütternden Ernst dieser Tage gerechtfertigt und geboten ist. Ich habe betont, dass ein Wiederaufbau der Internationale nach meiner innersten Überzeugung nur vom Boden einer Auffassung aus möglich ist, die den Standpunkt der Fraktionsmehrheit verwirft; – notabene: den Aufbau einer Internationale, die nicht dem Kindergespött preisgegeben sein soll. Ich habe erklärt, dass die deutsche Partei nach meiner innersten Überzeugung von der Haut bis zum Mark regeneriert werden muss, wenn sie das Recht nicht verwirken will, sich sozialdemokratisch zu nennen, wenn sie sich die jetzt gründlich verscherzte Achtung der Welt wieder erwerben will. Ich habe hervorgehoben, dass der Kampf, der dazu erforderlich ist, doppelt schwer sein wird, weil er nicht nur wie bisher und noch verschärft gegen die Regierung und die herrschenden Klassen, sondern auch gegen gewisse offizielle Parteiinstanzen, gegen eine immer mächtiger gewordene Strömung in der Partei zu führen ist, – gegen Strömungen, die die Partei heute in gewissem Umfange zu einem offiziösen Regierungsinstrument haben werden lassen (Chauvinismus, Annexionsfrage, Verschleierung des Klassenkampfes, Jugendpflege usw.)

Auch in dieser Sitzung habe ich getan, was mein Recht ist und die Parteipflicht mir gebietet, und was mir kein Teufel verwehren kann.

Im Parteiausschuss und bei der Redakteurkonferenz hat man, ohne mich zu hören, auf mir herumgehackt. Das lässt mich natürlich kalt. Nachdem man heute versucht hat, mich wegen einer selbstverständlichen Ausübung meiner Parteipflicht zur Verantwortung zu ziehen, muss ich denn doch fragen, ob man andere Genossen mit dreifach größerer Energie zur Rede gestellt, zur Ordnung und zur Scham gerufen hat? Ich meine die Genossen, die in der deutschen Presse und bei ihren Auslandsreisen die deutsche Partei aufs Schwerste diskreditiert haben, von denen die primitivsten Grundsätze unseres Parteiprogramms preisgegeben worden sind. Und ich frage, wie ein Genosse, der noch nicht ganz vergessen hat, was ihm vor kaum zwei Monaten das Heiligste war, wie ein solcher Genosse angesichts jenes Dokumentes des Parteielends, das der gestrige »Vorwärts« an seiner Spitze veröffentlichen musste, meinen polemischen Standpunkt verpönen will. Dieser Standpunkt ist, so meine ich, der Standpunkt der Partei-Ehrennotwehr, diktiert durch eine verzweifelte Situation.

Zu der heutigen Bemerkung des Genossen Wels stelle ich fest, dass der Provinzvorstand nach den Mitteilungen in der Spandauer Sitzung dem Wahlvereine Potsdam-Osthavelland geradezu die Befugnis zur selbständigen Veranstaltung von Versammlungen der geplanten Art abgesprochen haben sollte, dass ein Vertreter des Provinzvorstandes dessen Auffassung in der Sitzung nachdrücklich vertrat, und dass die Beschlüsse, von einer Ausnahme abgesehen, einstimmig gefasst sind.

Wenn Sie nicht diesen Brief als Formulierung meiner heutigen Erklärungen dem Protokoll über die heutige Sitzung beifügen wollen, so wiederhole ich mein Ersuchen, mir das Protokoll vor seinem Abschluss vorzulegen.

Mit Parteigruß

(gez.) Karl Liebknecht

***

Berlin SW. 68, den 7. Oktober 1914

Herrn Dr. Karl Liebknecht
Groß-Lichterfelde b. B.
Hortensienstraße 14
Werter Genosse!

In der Unterredung, die wir am 2. d. M. mit Ihnen gehabt, und in dem Briefe, den Sie uns am gleichen Tage geschrieben haben, betonten Sie zur Rechtfertigung Ihrer Tätigkeit in Holland und Belgien, dass es »ein Gebot der Selbstachtung, vor allem aber ein Interesse der deutschen Partei gewesen sei, gegenüber den unwahren Darstellungen über die jüngsten Parteivorgänge, die geflissentlich im Auslande wie im Inlande verbreitet würden«, die wirklichen Vorgänge zu schildern.

Wir wollen nicht unterlassen, Ihnen mitzuteilen, dass wir Ihr Vorgehen sehr bedauern, denn ebenso wenig wie einen der anderen Genossen, auf die Sie hinweisen, hat die Parteileitung Sie ermächtigt, zwecks Wahrnehmung der »Interessen der deutschen Partei« im Auslande tätig zu sein.

Das zu tun ist, wie wir im vollen Einverständnis mit dem Parteiausschuss ausdrücklich betonen, einzig und allein Aufgabe der Parteileitung, die ihre Pflichten auch in dieser Beziehung nach bestem Gewissen getan zu haben glaubt.

Ihr Verhalten in Stuttgart ist nach Ihrer eigenen Darstellung noch mehr zu verurteilen als Ihre Tätigkeit in Holland und Belgien. Wenn Sie sich berufen glauben, die deutsche Sozialdemokratie gründlich zu regenerieren, dann müssen wir Sie schon bitten, diese Tätigkeit zu vertagen, bis Fragen der Taktik und des Parteiprogramms in voller Öffentlichkeit erörtert werden können, damit die Genossen, die anderer Meinung sind als Sie, die Möglichkeit haben, Ihnen entgegenzutreten.

Den Standpunkt, den wir in diesem Schreiben Ihnen gegenüber vertreten, nehmen wir selbstverständlich allen Genossen gegenüber ein.

Ihrem Wunsche gemäß werden wir Ihr Schreiben vom 2. d. M. als Formulierung Ihrer Erklärungen in der Parteivorstandssitzung vom selben Tage unserm Protokoll beifügen.

Mit Parteigruß

(gez.) Scheidemann

***

Berlin, den 10. Oktober 1914
An den Vorstand der Sozialdemokratischen Partei Deutschlands
Berlin
Werte Genossen!

Die Wahrung der Parteiinteressen ist kein Monopol der Parteileitung, wenn sie auch eine Pflicht der Parteileitung ist. Jeder Parteigenosse teilt diese Pflicht; Presse, Versammlungen, parteigenössische Besprechungen dienen ihrer Erfüllung. Noch sind wir so verdammt demokratisch, dass jeder Parteigenosse im Parteiinteresse auch gegen die höchsten Parteiinstanzen Front machen darf.

In diesen Grenzen habe ich mich gehalten; diese Grenzen lasse ich mir nicht streitig machen, von niemand; andere Grenzen lasse ich mir nicht vorschreiben, von niemand.

Auch als ich mit den ausländischen Genossen sprach, blieb ich in diesen Grenzen. Die Internationale ist trotz allem für mich noch kein leerer Wahn. Die holländischen und nicht minder die belgischen Genossen sind für mich auch heute noch Genossen, Freunde, Brüder, nach wie vor, ohne jeden Vorbehalt. Meine Empfindungen für unsere Genossen in dem armen, unglückseligen Belgien sind nur noch herzlicher geworden – trotz alledem. Genau wie für unsere französischen Genossen. Und ich weiß, dass ich dafür auch in der deutschen Sozialdemokratie Verständnis finde. Auch wenn ich sie beim Parteivorstand nicht finde, beim Parteivorstand, dessen Emissäre im Ausland u.a. den deutschen Überfall auf Belgien verteidigt und faktisch fast wie Herolde des heutigen Imperialismus gewirkt haben; beim Parteivorstand, unter dessen Augen die Partei immer tiefer in die masurischen Sümpfe einen seichten Nationalismus und Illusionismus gerät und Position auf Position – bis zur kommandierten – zeitweiligen – öffentlichen Abschwörung des Klassenkampfes ohne nennenswerten Kampf räumt; beim Parteivorstand, der die Anregung auf verschärfte Propaganda gegen die Annexionshetze, diese Ausgeburt der imperialistischen Raserei, zurückwies, die am 31. August in Aussicht gestellte Proklamation gegen die Annexionspolitik und für den Frieden bis heute nicht erlassen hat, wohl aber eine Proklamation gegen Entgleisungen ausländischer Genossen und Bruderparteien; der nicht dagegen einschreitet, wenn der Brandenburger Provinzvorstand unter Führung eines Parteivorstandsmitgliedes statuswidrig meinen Wahlkreis an einer Kundgebung gegen den wahnwitzigen Völkermord zu hindern sucht, der aber unter Drohungen die Opposition gegen seine überopportunistische Politik niederzuschlagen versuchte.

Was lag der Erörterung im Parteiausschuss zugrunde? Eine einseitige, mindestens unvollständige Darstellung, die schon phantastische und widerwärtige Klatschereien geboren hat. Mich hatte man weder

34

in noch vor der Sitzung gehört! So saß man über mich zu Gericht nicht nur im Parteiausschuss, sondern auch in der Redakteurkonferenz; und zwar auf Veranlassung des Parteivorstandes! Fünf Tage nachdem mich der Parteivorstand zweimal *in contumaciam* hatte verurteilen lassen, wurde derselbe Parteivorstand meiner »habhaft«, um mich *post festum* zu hören. Ich nagele das hiermit fest. Es ist schwer, dabei die Ruhe zu bewahren. Im Übrigen: Der Parteiausschuss hat keinen Beschluss gefasst; er konnte auch keinen fassen; nicht einmal ein Parteitag könnte das, ohne zugleich Parteistatut, Parteiprogramm und das bisherige Wesen der Partei gründlich zu ändern.

Ihre Auslassung über Stuttgart ist wohl nicht ganz ernst gemeint, obwohl die Sache ernst genug ist. Nicht darum handelt es sich, als fühlte ich mich »berufen«, »die deutsche Sozialdemokratie gründlich zu regenerieren«, sondern dass ich meine pflichtgemäß gewonnene Überzeugung von der Notwendigkeit einer solchen Regeneration pflichtgemäß ausgesprochen habe. Und mag meine Überzeugung noch so unmaßgeblich sein, das Recht, sie zu verfechten, beruht auf einem festeren Grunde als der jetzt vom Parteivorstand unternommene Versuch, mir dieses Recht zu verschränken.

Nicht wenig verblüfft mich Ihr Verlangen nach Rücksicht auf die Wehrlosigkeit der – Kreditbewilligungsfreunde und Parteinationalisten, d.h. der Genossen, über denen jetzt die Regierungssonne trotz des Belagerungszustandes heller strahlt als je zuvor über einem Sozialdemokraten und heller, als ich wünschte, dass sie je über einem Sozialdemokraten gestrahlt hätte. Ich bitte, aus dem »Vorwärts«-Bericht über die Fischersche Versammlung vom 6. d. M., diesem Lorbeerblatt, zu entnehmen: welche Ansicht heute in Wahrheit unterdrückt ist und welche Ansicht ganz ungeniert »in voller Öffentlichkeit« erörtert wird, unter dem Schutze ihrer militärisch gesicherten Unantastbarkeit.

Die Erörterung in Stuttgart fand, wie Sie wissen, nicht »in voller Öffentlichkeit« statt, weil für sie nicht die gleiche Meinungsfreiheit besteht wie für Darlegungen *à la* Fischer. Es handelte sich, wie Sie wissen, um eine geschlossene Sitzung der Parteifunktionäre, in der mit genau derselben Legitimation Fragen der Taktik und des Parteiprogramms verhandelt wurden wie im Parteiausschuss, in der Redakteurkonferenz, im Parteivorstand und im Berliner Zentralvorstand. Ich kann mein Befremden nicht verhehlen, dass es nötig ist, dergleichen Selbstverständlichkeiten zu betonen. In Stuttgart obwaltete zudem das höchste Maß von Loyalität: Zur fraglichen Sitzung war Genosse Keil ausdrücklich eingeladen.

Nach alledem lehne ich sowohl das Bedauern wie die Verurteilung, mit denen mich Ihr Schreiben bedenkt, durchaus ab. Zu bedauern ist etwas ganz anderes: das ungerechtfertigte, ja unbegreifliche Vorgehen des Parteivorstandes gegen mich.

Das politische Prinzip für die gegenwärtige Situation muss sein: Wie die Sozialdemokratie zur Intensierung des Krieges international gewirkt hat, so kann sie noch heute, auch während des kriegerischen Prozesses, zu seiner Schwächung, Hemmung international wirken. Das Signal dazu hat die deutsche Sozialdemokratie zu geben, wie sie das Signal zur Intensierung des Krieges gegeben hat, jedenfalls die schwerste Schuld, eine schwerere als die übrigen Bruderparteien, an dieser Intensierung auf sich geladen haben. Ich fordere, dass dieses Signal gegeben wird. Den ausländischen Genossen habe ich von der in Aussicht gestellten Proklamation des deutschen Parteivorstandes gesprochen, die die deutsche Sozialdemokratie vor der Internationale wohl hätte rehabilitieren können.

Natürlich ist die Internationale unsterblich, weil und solange ihre objektiven Ursachen dauern. Nur ist die Frage, auf welchem Wege und in welcher Form sie wieder auferstehen wird; jedenfalls nicht ohne gründlichste Läuterung.

Mit Parteigruß

(gez.) Karl Liebknecht

P.S. Erwähnen will ich noch, dass auch Genosse Wendel in Brüssel war und dort als deutscher Landstürmer den Genossen Huysmans von dem deutschen Recht auf Verletzung der belgischen Neutralität zu überzeugen versuchte.

Den holländischen Genossen habe ich selbstverständlich die raffinierte Regie unserer von deutscher Treue und Aufrichtigkeit bis zum Bersten gefüllten Regierung eindringlich geschildert, durch die sie sich den größten Teil des deutschen Volkes und auch der Parteigenossen dienstbar machte; die demagogischen Parolen; die Vorspiegelung feindlicher Invasionen; die Verschleierung und Verheimlichung der eigenen Offensive (Besetzung Luxemburgs, Ultimatum an Belgien vom 1. 8. usw.) und anderes.

D. O.

***

Berlin, den 16. Oktober 1914

An den Vorstand der sozialdemokratischen Partei Deutschlands
Berlin
Werte Genossen!

Erst jetzt erfahre ich, dass der Genosse Südekum seine Reise n a c h S c h w e d e n nicht in Ihrem Auftrage gemacht hat. Welche Tätigkeit Südekum dort sonst entfaltet hat, ist mir nicht bekannt. Jedenfalls hat er sich nicht darauf beschränkt, mit Parteigenossen zu sprechen, er hat auch einen Artikel veröffentlicht, der als offiziöse Verlautbarung der deutschen Partei betrachtet worden ist. In diesem Artikel, der in eine Apologie der deutschen Regierungspolitik ausmündet, hat er u.a. den deutschen Überfall auf Belgien gerechtfertigt.

Trotz alledem hat der Parteivorstand ihn nicht nur nicht zur Verantwortung gezogen, sondern alsbald vor aller Öffentlichkeit durch ein Zeichen ganz besonderen Vertrauens begnadet, indem er ihm die hochwichtige italienische Mission übertrug.

Und über mich will man zu Gericht sitzen!

Aus recht zuverlässiger Quelle erfahre ich, dass der Genosse Jansson in Skandinavien herumgereist ist oder noch herumreist. Nach Blättermeldungen soll er dort erklärt haben, die deutsche Sozialdemokratie habe ihre Haltung gegenüber dem Militarismus gründlich revidiert und werde ihm auch, abgesehen von dem jetzigen Kriege, nicht mehr in der früheren Opposition gegenüberstehen; der deutsche Militarismus sei gar nicht besonders schlimm gegen die Arbeiterbewegung gewesen, nur einmal habe er auf Betreiben der christlichen Arbeiter bei Streiks eingegriffen; und Ähnliches. Ich nehme an , dass diese Meldungen, die ich natürlich durchaus nicht ohne Weiteres als

zuverlässig betrachten will, Ihnen nicht unbekannt geblieben sind, und frage an, ob der Parteivorstand hier bereits daran gedacht hat, die zwar in keinem anderen, wohl aber im Parteiinteresse dringend erforderliche Richtig- oder Klarstellung herbeizuführen.
Mit Parteigruß

(gez.) Karl Liebknecht

***

Berlin, den 17. Oktober 1914
Sozialdemokratische Partei Deutschlands
Herrn Dr. Karl Liebknecht, M. d. R.
Groß-Lichterfelde
Werter Genosse!

Wenn wir auf Ihre schriftlichen Ausführungen vom 10. Oktober antworten, so deshalb, weil wir einige Ihrer falschen Behauptungen nicht unwidersprochen lassen wollen. Sie sprechen von dem Parteivorstand, der »Anregungen auf verschärfte Propaganda gegen die Annexionshetze zurückwies«. Wenn Sie damit aussprechen wollen, dass der Parteivorstand nicht alles getan hat, was in seinen Kräften steht, um Annexionsgelüsten entgegenzuwirken, so weisen wir diese Verdächtigung zurück.

Der Parteivorstand hat ausdrücklich als Richtschnur für die Redaktionen der Parteipresse u.a. verlangt, dass sie Annexionsgelüste bekämpfen sollen. Auf Antrag des Parteivorstandes hat die Redakteurkonferenz dieses Verlangen einstimmig zu dem ihrigen gemacht. Soweit dem Parteivorstand Auslassungen in der Parteipresse über Annexionsfragen bekannt geworden sind, die vom sozialdemokratischen Standpunkt aus nicht einwandfrei waren, ist er sofort eingeschritten.

Ihr Vorwurf über die »Abschwörung des Klassenkampfes« kann nicht als ernst angesehen werden. Wenn Ihnen die Vorgänge auch nur einigermaßen bekannt sind, dann müssen Sie wissen, dass der Parteivorstand gegen das Vorgehen der Militärbehörden den entschiedensten Einspruch erhoben und den Standpunkt der Partei gewahrt hat.

Ebenso hat der Parteivorstand stets die Auffassung vertreten, dass die Verletzung der Neutralitätsverträge mit dem sozialdemokratischen Standpunkt nicht vereinbar sei. Die von ihm zur Aufrechterhaltung der internationalen Beziehungen ins Ausland geschickten Parteigenossen haben, soweit wir wissen, bei dieser Gelegenheit auch keinen davon abweichenden Standpunkt vertreten.

Ihre Bemerkungen, dass der Parteiausschuss und die Redakteurkonferenz über Sie zu Gericht gesessen hätten, und dass der Parteivorstand Sie *in contumaciam* hätte verurteilen lassen, beruhen auf falscher Information. Richtig ist nur, dass Genosse Keil, um zu zeigen, wie man im Interesse der Partei n i c h t wirken soll, über Ihre Tätigkeit gesprochen, und dass Genosse Crispien am nächsten Tage darauf geantwortet hat. Damit war diese Angelegenheit erledigt. In der Redakteurkonferenz hat Genosse Scheidemann in seinem Referat auf diese Auseinandersetzungen im Parteiausschuss hingewiesen. Ihre Person ist dann überhaupt nicht mehr erwähnt worden.

Unsere Auslassungen über Ihr Stuttgarter Wirken waren s e h r ernst gemeint. Wir stellen unter dem Belagerungszustand an a l l e Parteigenossen das Verlangen, praktische oder parteigrundsätzliche Differenzen nicht in die Reihen der Parteigenossen zu tragen, da unter dem Belagerungszustand ein freier Meinungsaustausch nicht möglich ist.

Was Sie mit Ihrer Behauptung, dass die deutsche Partei »zur Intensierung des Krieges« international gewirkt habe, verstehen, ist nicht klar. Ebenso wenig, wie Sie sich das Signal der deutschen Sozialdemokratie zur Schwächung und Hemmung des kriegerischen Prozesses denken. Die Internationale wird in ruhigen Zeiten unsere Stellung verstehen, wie wir die Stellung unserer Bruderparteien in den anderen Ländern verstehen. Sie bemerken in Ihrem Schreiben ausdrücklich:

»Den ausländischen Genossen habe ich von der in Aussicht gestellten Proklamation des deutschen Parteivorstandes gesprochen, die die deutsche Sozialdemokratie vor der Internationale wohl hätte rehabilitieren können.«

Niemand hat Sie ermächtigt, irgendwo und irgendwem gegenüber von einer in Aussicht stehenden Proklamation des deutschen Parteivorstandes zu sprechen. Das haben wir Ihnen bereits am 7. Oktober geschrieben. Wir erlassen Proklamationen, sobald sie im Interesse der

Partei notwendig sind, und wählen den Zeitpunkt, der der Sache am förderlichsten ist.

Ihre Bemerkungen über das angebliche Verhalten des Brandenburger Provinzialvorstandes haben Sie an die falsche Adresse gerichtet. Es liegt für uns kein Anlass vor, darauf einzugehen.

Mit Parteigruß

(gez.) Ph. Scheidemann

***

Berlin, den 28.³ Oktober 1914

Herrn Dr. Karl Liebknecht
Groß-Lichterfelde
Werter Genosse!

In Beantwortung Ihres Briefes vom 16. d. M. teile ich Ihnen Folgendes mit:

Für Artikel, die Genosse Südekum unter seinem Namen veröffentlicht, trägt er allein, nicht die Parteileitung, die Verantwortung. Der in Betracht kommende Artikel konnte übrigens nicht den Anschein erwecken, eine parteioffiziöse Verlautbarung zu sein. Dass Genosse Südekum gelegentlich einer nach seinen Versicherungen in einer Familienangelegenheit unternommenen Reise nach Schweden an irgendeiner Stelle als Vertreter der Partei oder der Parteileitung aufgetreten sei, ist uns gegenüber bisher von keiner Seite behauptet worden und wird von ihm entschieden bestritten. Bevor Genosse Südekum im Auftrage der Parteileitung nach Italien gereist ist, hat eine ausführliche Besprechung mit ihm stattgefunden über die ihm gestellte Aufgabe.

»Aus recht zuverlässiger Quelle« haben Sie allerlei über die Tätigkeit des Genossen Jansson in Skandinavien erfahren. Sie tun gut daran, die Meldungen »natürlich durchaus nicht ohne Weiteres als zuver-

---

3 Anm. des Verlags: So steht es im Original. Vermutlich handelt es sich hierbei um einen Fehler – gemeint ist eigentlich der 23. Oktober.

lässig« zu betrachten, denn sie sind falsch, wie uns Genosse Jansson überzeugend dargelegt hat.[4]

Mit Parteigruß

(gez.) Scheidemann

***

Berlin, den 26. Oktober 1914

An den Vorstand der Sozialdemokratischen Partei

Berlin

Werte Genossen!

Ich komme auf Ihr Schreiben vom 17. d. M. infolge dringlicher Abhaltung erst heute zurück.

Der Parteivorstand hat in der Sitzung vom 31. August meinen Vorschlag auf eine demonstrative Versammlungspropaganda gegen die Annexionshetze zurückgewiesen, weil sich in der Diskussion Parteigenossen für Annexionen aussprechen könnten, während diese Besorgnis doch gerade für solche Versammlungen sprach. Der Parteivorstand hat die mir nach der erwähnten Sitzung in Aussicht gestellte Proklamation tatsächlich bisher nicht erlassen: Auf diese beiden Tatsachen bezog sich die von Ihnen »zurückgewiesene« »Verdächtigung«. Selbst die erfreulichsten Bemerkungen unserer Parteipresse gegen die Annexionspolitik können eine demonstrative und offizielle Stellungnahme nicht ersetzen. Je früher eine solche Stellungnahme erstmals erfolgt wäre, umso mehr hätte sie der inzwischen hereingebrochenen Hochflut der Annexionsraserei einen Damm entgegengesetzt. Jetzt verzettelt sich unsere Propaganda auf diesem Gebiete in gelegentlichen durch die Zensur oder die Zensurgefahr entmannten

---

4 Tatsächlich hat Jansson doch in schwedischen Zeitungen den deutschen Militarismus gegen gewisse Vorwürfe verteidigt, so wurde z.B. behauptet, er sei – im Gegensatz zum Militarismus anderer Länder – eigentlich nur einmal, und zwar auf Verlangen christlich-sozialer Streikbrecher, bei sozialen Kämpfen gegen die Arbeiterschaft in die Schranken getreten.

Notizen. Sie verpufft, weil ihr die aggressive Schärfe fehlt, die allein sie heute in dem Wirbelstrom des Völkerhasses und der sinnlosen Eroberungsgier vernehmlich und wirksam machen könnte, und weil sie durch annexionsfreundliche Stimmen der Parteipresse aufgehoben wird. Sie kann schon darum keinen Eindruck machen, weil die Annexionspolitik, sei sie auf Eroberungen in Europa und den Kolonien oder nur in den Kolonien gerichtet, ein organisches Glied der ganzen Regierungskriegspolitik ist, die, wie doch wohl nicht bestritten werden wird, viele Parteizeitungen und weite Parteikreise mitmachen. In dem »A«, das hier ein Teil der Partei sagt, steckt bereits das ganze Alphabet der imperialistischen Politik bis zum »Z« der Annexionshetze, – trotz der offenkundigen kapitalistischen und militärpolitischen Gegensätze in den herrschenden Klassen und in der Regierung, die aber nicht das für uns Wesentliche betreffen, sondern nur die Frage, ob europäische oder koloniale Expansion oder beides, und die besondere Wahl der Objekte. Bei immer weiterem Hinauszögern einer demonstrativen Kundgebung wird die immer fester eingewurzelte und immer weiter verbreitete Volksstimmung immer hoffnungsloser. Natürlich können die Ereignisse auf den Kriegsschauplätzen zu einem ganz anderen Resultat führen. Wir müssen aber auch mit der hier vorausgesetzten Entwicklungsmöglichkeit rechnen und unser Verhalten auch danach einrichten. Ein bloßes Einschreiten gegen nicht einwandfreie Artikel genügt nicht. Auf meine Frage, ob dieses Einschreiten mit annähernd der gleichen Energie erfolgte, mit der man mir eine selbstverständliche Betätigung der freien Meinungsäußerung anzukreiden versuchte, vermisse ich bisher die Antwort.

Beim »Vorwärts«-Konflikt handelt es sich gar nicht darum, was hinter den Kulissen mit der Militärbehörde verhandelt worden ist, sondern darum, was in aller Öffentlichkeit getan worden ist. Ich meine, dass es gewisse Dinge gibt, die man selbst unter dem Zwang der Militärdiktatur niemals tun dürfte, Dinge, die so sehr die Seele (verzeihen Sie das Wort) und die Ehre der Partei berühren, dass keine – übrigens selbst vom materiellen Standpunkte aus kurzsichtige – Rücksicht auf materielle Parteiinteressen sie rechtfertigen kann. Hier hat man nicht einmal den unter dem Sozialistengesetz doch so gewohnten Versuch gemacht, Ersatzblätter zu schaffen.

Es hätte sich gelohnt! Man hat auch die Stärke der Position, die gerade der »Vorwärts« aus inner- und außerpolitischen Gründen gegenüber der Militärdiktatur hat, nicht einmal auszunutzen versucht. Man hat sofort angefangen zu »kuhhandeln« und, eh' der Hahn dreimal gekräht hatte, kapituliert.

Zur Neutralitätsfrage: Südekums Äußerungen in Stockholm und Fischers Äußerungen in Zürich waren in diesem Punkte ganz eindeutig. Darum wurde ja wohl auch gerade Südekum nicht nach Holland geschickt. Ob Südekums und Fischers Reisen nach Schweden und der Schweiz in Ihrem Auftrage »zur Aufrechterhaltung der internationalen Beziehungen« unternommen worden sind, spielt dabei umso weniger eine Rolle, als Südekum nach seiner Stockholmer Leistung als offizieller Abgesandter des Parteivorstandes nach Italien fuhr, wo er, wie das bekannte Protokoll recht unverblümt ausspricht, bei den italienischen Genossen in den Verdacht geriet, auch Abgesandter des Auswärtigen Amtes zu sein. Das schier endlose Register der im Ausland mit den Genossen der Bruderparteien in Beziehung getretenen deutschen Genossen möchte ich hier nur noch um den Namen des Genossen Quarck vermehren, der gewiss kein offizieller Abgesandter des Parteivorstandes war, und es doch für sein gutes Recht hielt, sich um die Teilnahme an der Konferenz in Lugano zu bemühen. Auf Schmähungen, wie sie der Genosse Ebert am Ende der Preußensitzung – nachdem die Debatte geschlossen war – gegen mich richtete, halte ich es für unter meiner Würde, einzugehen.

Zu den Vorgängen im Parteiausschuss und in der Redakteurkonferenz nur das eine: Sie haben in Ihrem Schreiben vom 7. d. M. ausdrücklich hervorgehoben, dass der Parteiausschuss einmütig eine bestimmte Ansicht über mein Verhalten in Belgien und Holland bekundet habe.

Ihre neuen Bemerkungen über Stuttgart machen auf mich keinen anderen Eindruck als die früheren. »Parteitaktische und parteigrundsätzliche Differenzen« sind unter den Parteigenossen vorhanden, sie brauchen nicht erst – wie Ihre etwas preußische Wendung lautet – »unter sie getragen« zu werden. Der verschiedene Maßstab, den Sie an die Stuttgarter Vertrauensmännersitzung und andere Parteikörperschaften anlegen, bleibt rätselhaft. Weite Parteikreise propagieren, wie Sie wissen, ganz ungeniert Tag für Tag eine ausgeprägt nationalistische Politik, fördern den »Furor teutonicus« gegen die »feindlichen Völker« und selbst gegen die Sozialisten der anderen Länder (vgl. aus Unzähligem: Chemnitzer »Volksstimme« vom 9. d. M., »Transportarbeiter-Zeitung«, letzte Nummer). Die Bekämpfung dieser Anschauungen ist nur Abwehr. Zu den Ketten des Belagerungszustandes, die diese Abwehr bereits einschnüren, sollen noch die Fesseln treten, die der Parteivorstand ihr anlegen möchte. Fischer redet in der Versammlung vom 6. d. M. nach seinem Gustum und – verhindert, dass ihm erwidert wird! Keil hält in Ulm am 9. d. M. eine öffentliche Rede, die den Beifall »aller Schichten der Bevölkerung« (natürlich auch der Behörden und des Militärs) findet, und – klagt mich wegen meiner internen Stuttgarter Ausführungen vor dem Parteiausschuss an! Wahrhaftig, eine Parität gegenüber den Meinungsdifferenzen ganz *à la* Parität der Militärdiktatur in der Annexionsfrage, ja diese übergipfelnd. Ein Parteiburgfrieden von fabelhafter Gegenseitigkeit.

Zur Erläuterung des erwähnten taktischen Grundsatzes. Gewiss handelt es sich um einen imperialistischen Krieg, um den imperialistischen Weltkrieg, der da seit Langem kommen sollte und dem wir aus allgemeinen Gründen international alle unsere Kraft entgegenzusetzen gelobt hatten; gerade wir Deutschen hatten aber besonderen Grund, uns ihm entgegenzuwerfen; der rapide emporschießende deutsche Imperialismus hatte historisch die Aggressive; es liegt ein grober deutsch-österreichischer Präventiv- und zugleich Eroberungskrieg vor. Das Märchen von feindlichen Invasionen gegen Deutschland – »war einmal«; die Parodie »Befreiungskrieg gegen den Zarismus« oder dergleichen ist längst ausgespielt. Indem unsere Fraktion – ganz entgegen der Parteihaltung noch bis zum 27., ja 30. Juli – für die Kredite stimmte, hat sie auch in den »feindlichen« Ländern alle Dämme niedergerissen, die dort gegen den Krieg bestanden. Sie hat zwar Deutschlands militärische Kraft gestärkt, zugleich aber diejenige der »feindlichen« Staaten. Ohne die Abstimmung unserer Fraktion vom 4. August dieses Jahres hätte der Krieg weder in Frankreich noch vor allem in England und Russland so populär werden können. Die französische Abstimmung vom 4. August, die überdies nach der Besetzung Luxemburgs und dem ersten deutschen Ultimatum an Belgien, zwei schwersten Angriffshandlungen Deutschlands gegen Frankreich, erfolgt ist, stand bereits unter dem Eindruck der schon vor ihrer wirklichen Abfassung prophetisch von der Presse hinausposaunten Beschlüsse unserer Fraktion, womit ich sie selbstverständlich keineswegs rechtfertigen will. Das ist die Intensierung des Krieges unter dem Vortritt der deutschen Sozialdemokratie, von der ich sprach. Ebenso wie diese Intensierung nach dem Anerkenntnis selbst der Regierung stattgefunden hat, muss auch durch ein entgegengesetztes Verhalten eine Abschwächung des kriegerischen Prozesses möglich sein, eine Abschwächung, die im Interesse des deutschen Volkes und der ganzen Menschheit liegen würde. Die deutsche Sozialdemokratie muss auch hier den Vortritt haben. Ich zweifle nicht, dass die Bruderparteien der anderen kriegführenden Staaten nachfolgen werden. Eine Proklamation, die den Willen zur Beendigung des Krieges, zur internationalen Solidarität, zur Selbstbestimmung der Völker und zur Bekämpfung jeder Annexion klar ausdrückt, wäre eine Erlösung, würde beim Proletariat der ganzen Welt befreiend wirken und die auf eine Beendigung des Krieges gerichteten Tendenzen zum Heil aller Völker international verstärken. Käme unter solchem Einfluss ein für keinen Teil demütigender Friede zustande, so wäre dies gleichzeitig die stärkste Friedenssicherung für die Zukunft, die Friedenssicherung durch internationale Solidarisierung der Völker. Das ist die einzig mögliche sozialistische Politik, die da sein muss, eine Politik vom Standpunkt der Internationale; eine Politik, deren unmittelbare Schwierigkeiten ich natürlich nicht verkenne, die aber doch gemacht werden muss, wenn wir unsere historische Aufgabe erfüllen und nicht vor dem Imperialismus kapitulieren wollen.

Diese Politik wäre allerdings eine andere als die des Genossen B a u e r, der sich »das jetzige Entgegenkommen der Regierung nicht verscherzen« will, und als jene, die in dem militärparteifrommen »Vorwärts«-Bericht über die Landtagssitzung vom 22. d. M. ihren Ausdruck fand; sie wäre etwas ganz anderes als eine Politik, die noch tiefer unter der Parole »Kanonen für Volksrechte« steht, und vielmehr das Motto verdient: »Durch Selbstverstümmelung zum Sieg!«, als eine Politik, die verkennt, dass nur ertrotzte Volksrechte innere

Realität besitzen und auch Rechte den Makel ihrer Geburt mit sich schleppen müssen.

Wenn die Internationale Ihre Haltung verstehen wird, so wird sie sie, wie ich hoffe, auch verwerfen und ihre Zukunft danach einrichten.

Von der in Aussicht gestellten Proklamation des Parteivorstandes durfte ich im intimen Kreise sprechen, nachdem mir ganz offiziell mitgeteilt war, dass sie beschlossen, und ich annehmen musste, dass sie bereits ergangen sei. Die Mitteilung diente dem Zweck, die Missstimmung gegen die deutsche Partei zu verringern.

Ihr Brief vom 28.[5] d. M. bestätigt die Berechtigung meines Erstaunens über das verschiedene Maß, mit dem Sie Südekum und mich messen. Wenn die Meldungen über den Genossen Jansson falsch sind, so kann mich das nur befriedigen; Sie werden aber verstehen, dass es mich nach den Erfahrungen der letzten Monate fast wundern will.

Mit Parteigruß

(gez.) Karl Liebknecht

***

Berlin, den 31. Oktober 1914
An den Vorstand der Sozialdemokratischen Partei
Berlin
Werte Genossen!

Im heutigen »Vorwärts« ist über Müllers Wirksamkeit in Holland zu lesen. Ich darf wohl erwarten, dass Sie die Notiz Ihrem Protokoll vom 2. d. M. zur Beleuchtung beilegen.

Nachdem die bürgerliche Presse der letzten Tage mit verstärkter Wucht die Annexion Belgiens, der »Wiege des Deutschtums«, zum Glaubenssatz »vaterländischer« Politik, »völkischer« Gesinnung erhoben und die deutsche Verwaltung in Belgien und Nordostfrankreich die Zwangsgermanisierung durch Einführung deutscher Ortsnamen begonnen hat, entpuppt die heutige Kriegszeitung des

---

5   Anm. des Verlags: siehe oben.

»Lokal-Anzeigers« einen der Kerne des deutsch-imperialistischen Pudels, auf den ich vom ersten Kriegstage an immer hingewiesen habe, und den niemand übersehen konnte; den Plan einer Annexion der französisch-lothringischen Minenfelder im Interesse der deutschen Schwerindustrie, der Röchling, Stumm (von Schubert), Krupp, Kirdorf und Genossen, die diese Beute tatsächlich sofort in eigene Regie zu nehmen sich angeschickt haben. Der offiziöse »Lokal-Anzeiger«, vorzüglicher Wortführer der schwerindustriellen Einflüsse in der Regierung, »nimmt mit Bestimmtheit an«, dass diese Maßnahme »nicht nur ein vorübergehendes politisches und wirtschaftliches Interesse« besitzt, und stellt fest, dass »die deutschen Erfolge in Französisch-Lothringen den (deutsch-luxemburgischen) Verarbeitern des französischen Rohmaterials ihre Lebensbedingungen verstärkt« haben.

Das ist deutlich! Man richtet sich bereits häuslich ein, wie es in Belgien, allerdings in etwas anderer Form, schon früher geschah. Zu diesem Vorgehen benutzt man den Moment des türkischen Eingreifens in den Krieg, von dem man sich – vielleicht sehr zu Unrecht – eine Erleichterung der deutschen Lage erwartet.

Ich wiederhole die Forderung nach einer parteioffiziellen öffentlichen und scharfen Stellungnahme gegen die Annexionspolitik. Der Moment gebietet sie. Die deutsche Sozialdemokratie darf hier nicht schweigen. Es ist höchste Zeit! Hinter dem Wagen der Politik polternd herlaufen, wenn er bereits abgefahren ist, ist gewiss ein Vergnügen eigener Art; ich meine aber, wir müssen mindestens versuchen, uns mit auf den Kutschbock zu setzen.

Mit Parteigruß

(gez.) Karl Liebknecht

Vor dem 2. Dezember

Berlin, den 12. November 1914
An den Vorstand der sozialdemokratischen Reichstagsfraktion
Berlin
Werte Genossen!

Im heutigen »Vorwärts« befindet sich eine offenbar von Ihnen aus-
gehende Mitteilung über die bevorstehende Reichstags»session«.
Danach wird geplant, das vorliegende Arbeitspensum in zwei sich
aneinanderschließenden Sitzungen zu erledigen, d.h. den 4. August zu
kopieren. Ferner soll die Vorlage in einer »freien Kommission« beraten werden, deren Verhandlungen »streng geheim« und den nicht zur
Kommission gehörigen Abgeordneten unzugänglich sein sollen. Nach
der Fassung der Notiz in Verbindung mit Nachrichten bürgerlicher
Blätter wird der Eindruck erweckt, dass Sie sich mit einem solchen
Verfahren bereits einverstanden erklärt haben.

Ich möchte nicht verfehlen, schon jetzt meinen Widerspruch gegen
den geschilderten Plan zu erheben. Wir müssen auf eine gründliche
Beratung dringen, die uns die Möglichkeit gibt, unsere Auffassung
zur politischen Lage nach allen wesentlichen Richtungen hin öffentlich darzulegen. Wir haben hier die Möglichkeit, alles das zu sagen,
was uns in Presse und Versammlungen die Militärdiktatur verbietet.
Wenn wir diese Gelegenheit vorübergehen lassen, so wird daraus mit
Recht gefolgert werden, dass uns die Militärzensur kein Hemmnis der
freien Meinungsäußerung war. Wir billigen dann sowohl die Existenz
des Belagerungszustandes wie seine Handhabung und machen uns
selbst verantwortlich für das, wofür sonst der Militärdiktatur die Verantwortung zugeschoben werden könnte. Dass wir – von der Bewilli-
gungsfrage abgesehen – bei dieser Gelegenheit die Vernachlässigung
der sozialen Pflichten, die Aufrechterhaltung der Ausnahmegesetze
und des Wahlrechts, die Einseitigkeit und das Wesen des sogenannten Burgfriedens zu kennzeichnen, sozialistischen Protest gegen den
Krieg zu erheben, sein Wesen scharf zu charakterisieren, gegen die
Verletzung der belgischen und luxemburgischen Neutralität und die

Annexionstreiber nachdrücklich Verwahrung einzulegen und die internationale Solidarität zu bekennen sowie einen Aufruf an das Proletariat aller kriegführenden Länder zum Kampf für Beendigung des Krieges zu erlassen haben, dürfte selbstverständlich sein.

Mit Parteigruß

(gez.) Karl Liebknecht

Fraktionssitzungen
vom 29. November 1914 bis 2. Dezember 1914

Am 29. November 1914 trat die Fraktion zur Vorbereitung der Reichstagssitzung vom 2. Dezember 1914 zusammen, in der über den zweiten Fünf-Milliarden-Kredit zu entscheiden war. Die Kreditdebatte gestaltete sich sehr lebhaft und beanspruchte fast zwei Tage.

Die Anhänger der Kreditbewilligung entwarfen nach angeblichen authentischen Informationen ein düsteres Bild von der militärischen Lage Deutschlands, die viel ungünstiger sei als am 4. August; die Gründe, die für die Bewilligung vom 4. August maßgebend gewesen seien, bestünden verstärkt fort. Die Anregung von bürgerlicher Seite (Erzberger), eine Erklärung, die u.a. der tapferen Helden der »Emden« und von Tsingtau rühmend gedenken sollte, gemeinsam mit allen anderen Parteien abzugeben oder ohne jede Erklärung zu votieren, wurde zwar von verschiedenen Seiten durch Zurufe sympathisch begrüßt, aber nicht zur Abstimmung gestellt, da sie der Auffassung der großen Mehrheit offensichtlich zuwiderlief. Die Vertreter der Kreditverweigerung meinten, die seit dem 4. August verflossenen Monate hätten die Richtigkeit ihres Standpunktes doppelt bestätigt.

Als Haase die Kreditbewilligung eine Zertrümmerung unserer Parteigrundsätze nannte, entgegnete David: dann hätten sich ja auch die Vierzehn der Fraktionsminderheit, die sich am 4. August im Plenum der Mehrheit unterworfen hätten, an der Zertrümmerung der Parteigrundsätze beteiligt. Ein Zwischenruf Liebknechts: die Konsequenz dieser Bemerkung Davids führe zur öffentlichen Abgabe eines Minderheitsvotums im Plenum, löste lebhafte Bewegung aus. Cohen, der für die Bewilligung eintrat, richtete Vorwürfe gegen Haase, weil er, der am 4. August die Fraktionserklärung verlesen habe, die Mehrheit so heftig angreife; bei diesem Standpunkte habe Haase die Erklärung nicht verlesen dürfen. Es entwickelte sich eine stürmische Szene; auf erregte Zurufe, dass die Fraktion Haase zur Abgabe der Erklärung genötigt habe, bemerkte Cohen: Haase habe sich durch nichts zwingen lassen dürfen; in einem solchen Falle gebe es keinen Zwang! Ledebour schlug vor, die Aufhebung des Belagerungszustandes und eine Zusicherung der Regierung zu verlangen, dass sie den Krieg nur zur Verteidigung Deutschlands, zur Niederwerfung des Zarismus und zur Befreiung der vom Zarismus unterdrückten Völker führe; nur bei Erfüllung dieser und einiger anderer Forderungen komme die Kreditbewilligung für ihn infrage; es handele sich um keine prinzipielle, sondern um eine Zweckmäßigkeitsfrage. Dieser Vorschlag wurde als utopisch und inkonsequent bekämpft; die etwaige – aber ausgeschlossene – Aufhebung des Belagerungszustandes würde seine Wiederverhängung nicht verhindern; eine etwaige – aber ausgeschlossene – Zusicherung der verlangten Art würde vollkommen wertlos sein; der Regierung, die am 3. und 4. August die Fraktion, den Reichstag und das ganze Volk im Punkt des belgischen Neutralitätsbruchs so schnöde getäuscht habe, der Regierung des verfassungswidrigen Belagerungszustandes könne kein Vertrauen geschenkt werden; wer sei übrigens jetzt die Regierung? Der Reichskanzler schwerlich! Vor allem aber sei es widersinnig, den Charakter des Krieges in die Disposition der Regierung stellen zu wollen; der objektive geschichtliche Charakter des Krieges dürfte allein die Haltung zu ihm bestimmen, nicht eine Zusicherung oder eine Auffassung der Regierung über diesen Charakter.

Liebknecht, der wegen seiner angeblichen Wühlereien in der Partei schwer angegriffen wurde, aber diese Vorwürfe als haltlos zurückwies, legte dar, dass die Kreditbewilligung gegen das Programm, die Beschlüsse der Parteitage, besonders der von Lübeck, Hamburg und Magdeburg, und die Beschlüsse der internationalen Kongresse von Stuttgart und Basel verstoße; das Parteiprogramm schließe es aus, für kriegerische Eroberungen einzutreten, der imperialistische Zweck des jetzigen Kriegs aber sei militärische Vergewaltigung und Annexion anderer Länder, und zwar ganz unabhängig von der jeweiligen militärischen Lage; Bewilligung der Kredite heißt Bewilligung der Mittel zur Unterdrückung Belgiens und Nordostfrankreichs. Die Parteitagsbeschlüsse verbieten die Annahme des Budgets. Die Kreditbewilligung aber sei schlimmer als die Budgetbewilligung, da sie der jedem Vertrauens unwürdige Regierung B l a n k o vollmacht, und zwar in unerhörtem Umfange, gewähre, d.h. ein weit höheres Vertrauen schenke als jede Budgetbewilligung; und da sie ausschließlich militärische Ausgaben betreffe, d.h. Ausgaben, deren Ablehnung ausdrücklich durch internationale Kongressbeschlüsse und Programme geboten sei, und deren Vorhandensein im Budget einen der wesentlichen Gründe für die Statuierung der Budgetverweigerungspflicht gebildet habe. Dass Wehrvorlagen nach Programm und Parteibeschlüssen abzulehnen sind, wagte bisher niemand zu bezweifeln: die Kreditvorlage aber ist nichts anderes als eine riesenhafte Wehrvorlage, nur eine durch den Blankocharakter des Kredits und die Aktualität des Mordzweckes besonders bösartige. Die internationalen Kongressabschlüsse schreiben nicht nur die Ablehnung aller Militärausgaben ausdrücklich vor, sondern auch die Anwendung aller wirksamen Mittel zur Verhinderung des Krieges; nach Kriegsausbruch die Kredite bewilligen, heißt aber: den Kampf gegen den Krieg vor Kriegsausbruch zu einer Farce machen, seine Kraft von vornherein zerbrechen, ja geradezu zum Kriege einladen und für die Zukunft jede Opposition gegen Kriegshetzereien der Wirkungslosigkeit und berechtigten Nichtachtung überliefern. Die Kongressbeschlüsse geben weiter auf: nach Kriegsausbruch alles für schleunige Beendigung des Krieges einzusetzen; zugleich die Kriegskredite bewilligen und für den Frieden reden, das heiße aber: mit der Linken die Friedenspalme schwingen, während man mit der Rechten dem Militarismus das Schwert in die Hand drückt. Die Kongressabschlüsse fordern schließlich Ausnützung der durch den Krieg hervorgerufenen Lage zu Aufrüttelung der Massen, d.h. zum Klassenkampf. Der internationale Klassenkampf gegen den Krieg sei damit als die einzig mögliche Politik des Proletariats gegen den jetzt ausgebrochenen imperialistischen Krieg erkannt, da jede andere Politik eine positive Unterstützung der Massenmetzelei zu Ehr und Nutz des Imperialismus bedeute. Wer aber wage zu behaupten, dass die in der Partei jetzt zumeist betriebene Politik dieser Parole des verschärften Klassenkampfes entspreche? Und dass die Kreditbewilligung mit einem solchen Klassenkampf vereinbar sei?

Liebknecht beantragte, die Fraktion möge am 2. Dezember folgende

Erklärung

abgeben:

Es handelt sich um einen imperialistischen Krieg, und zwar besonders auch auf deutscher Seite mit dem Ziel von Eroberungen großen Stils. Es handelt sich vom Gesichtspunkt des Wettrüstens aus bestenfalls um einen von der deutschen und österreichischen Kriegspartei gemeinsam im Dunkel des Halbabsolutismus und der Geheimdiplomatie hervorgerufenen Präventivkrieg, zu dem die Gelegenheit günstig schien, als die große deutsche Wehrvorlage verabschiedet und ein technischer Vorsprung gewonnen war. Es handelt sich auch um ein bonapartistisches Unternehmen zur Zertrümmerung und Demoralisation der rapide anwachsenden revolutionären Arbeiterbewegung. Das Attentat von Sarajevo wurde als demagogischer Vorwand ausersehen. Das österreichische Ultimatum an Serbien vom 23. Juli war der Krieg, der gewollte Krieg. Alle späteren Friedensbemühungen waren nur Dekoration und diplomatische Winkelzüge, gleichviel, ob sie von einzelnen Mitwirkenden ernst gemeint wurden oder nicht. Alles das haben die letzten vier Monate mit steigender Deutlichkeit gelehrt.

Dieser Krieg ist nicht für die Wohlfahrt des deutschen Volkes entbrannt. Er ist kein deutscher Verteidigungskrieg und kein deutscher Freiheitskrieg. Er ist kein Krieg für eine höhere »Kultur« – die größten europäischen Staaten gleicher »Kultur« bekämpfen einander, und zwar gerade, weil sie Staaten der gleichen, d.h. der kapitalistischen »Kultur« sind. Unter der trügerischen Flagge eines Nationalitäten- und Rassekrieges wird ein Krieg geführt, bei dem in beiden Lagern das bunteste Nationalitäten- und Rassegemisch aufgeboten ist. Die Parole »gegen den Zarismus« diente nur dem Zweck, die edelsten Instinkte des deutschen Volkes, seine revolutionären Überlieferungen für den Kriegszweck, für den Völkerhass zu mobilisieren. Deutschland ist der Mitschuldige des Zarismus bis zum heutigen Tage. Deutschland, dessen Regierung zur militärischen Hilfe für den Blutzaren gegen die große Russische Revolution bereitstand, Deutsch-

52

land, in dem die Masse des Volkes wirtschaftlich ausgebeutet, politisch unterdrückt ist, wo nationale Minderheiten durch Ausnahmegesetze drangsaliert werden, hat keinen Beruf zum Völkerbefreier. Die Befreiung des russischen Volkes muss dessen eigene Sache sein, so wie die Befreiung des deutschen Volkes nicht das Ergebnis von Beglückungsversuchen anderer Staaten, sondern nur sein eigenes Werk sein kann.

Zur Durchführung der gewissenlosen Regie, mit der der Krieg inszeniert wurde, zur Unterdrückung jeder Opposition, zur Vorspiegelung chauvinistischer Einmütigkeit des deutschen Volkes wurde der Belagerungszustand verhängt; die Presse- und Versammlungsfreiheit vernichtet, das kämpfende Proletariat entwaffnet und zu einem höchst einseitigen »Burgfrieden« gezwungen, der – durch nebensächliche »Zugeständnisse« schlecht verbrämt – nur eine stilistische Umschreibung der politischen Kirchhofsruhe ist.

Umso geringere Energie wurde entfaltet zur Steuerung der bitteren Not, die den größten Teil der Bevölkerung heimgesucht hat. Selbst in dieser schweren Zeit konnte sich die Regierung nicht zu durchgreifenden Maßregeln entschließen ohne Rücksicht auf den Widerspruch derer, die ihren persönlichen Vorteil heute wie stets dem Wohl der Massen voranstellen.

Die Art der Kriegführung fordert unseren leidenschaftlichen Widerspruch heraus.

Die Proklamation des Grundsatzes: »Not kennt kein Gebot«, entzieht allem Völkerrecht den Boden.

Wir protestieren gegen die Missachtung der luxemburgischen und belgischen Neutralität, diesen Bruch feierlicher Verträge, gegen den Überfall auf ein friedliches Volk. Misslungen sind alle nachträglichen Beschönigungsversuche.

Wir verdammen die grausame Behandlung der Zivilbevölkerung auf den Kriegsschauplätzen. Die Verwüstung ganzer Ortschaften, die Festnahme und Exekution Unbeteiligter als Geiseln, die Niedermachung Wehrloser ohne Rücksicht auf Alter und Geschlecht, die als Repressalien für Verzweiflungs- und Notwehrakte erfolgten, rechtfertigen die schwerste Anklage. Die gleiche Schuld anderer Armeen bildet keine Entlastung.

Wir bedauern die Missstände, die die Versorgung der Kriegsgefangenen noch in allen Ländern, Deutschland nicht ausgenommen, aufweist. Wir verlangen in dieser Frage wie für die Behandlung der zivilen Angehörigen feindlicher Staaten eine internationale Regelung im Geiste der Humanität und unter Kontrolle der Neutralen. Das Vergeltungsprinzip lehnen wir ab.

Wir bekämpfen jede Annexion grundsätzlich und entschieden, da sie gegen das Selbstbestimmungsrecht der Völker verstößt und nur kapitalistischen Interessen dient. Jeder Friede mit Eroberungen wird, weit entfernt, eine Friedenssicherung zu sein, eine Ära des verschärften Wettrüstens einleiten und einen neuen Krieg im Schoße tragen.

Wir empfinden mit den Söhnen des Volkes, die im Felde Übermenschliches an Tapferkeit, Entbehrung, Aufopferung leisten. Wir empfinden mit ihnen als mit unserem eigenen Fleisch und Blut, für das wir, wenn die Zeit kommen wird, unerbittlich Rechenschaft heischen werden. Umso mehr verwerfen wir diesen Krieg, umso mehr gebietet uns die Pflicht gegenüber dem deutschen Volk und der ganzen Menschheit, gegenüber dem internationalen Proletariat, das dennoch unlöslich zusammengehört, mit allen unseren Kräften der Völkerzerfleischung entgegenzuwirken.

Wir erheben die Forderung eines schleunigen, für keinen Teil demütigenden Friedens. Wir danken unseren Freunden in den neutralen Staaten für ihre wertvolle Initiative in dieser Richtung und begrüßen die Friedensbemühungen der neutralen Mächte, deren Zurückweisung nur den Zielen der Annexionspolitik und dem an langer Kriegsdauer interessierten Rüstungskapital entgegenkommt.

Wir warnen die Regierungen und die herrschenden Klassen aller kriegführenden Länder vor der Fortsetzung des blutigen Gemetzels und rufen die arbeitenden Massen dieser Länder auf, seine Beendigung zu erkämpfen. Nur ein auf dem Boden der internationalen Solidarität erwachsener Friede kann ein gesicherter sein. Proletarier aller Länder, vereinigt euch wieder, trotz alledem!

Indem wir Protest erheben gegen den Krieg, seine Verantwortlichen und Regisseure, gegen die kapitalistische Politik, die ihn heraufbeschwor, gegen die Annexionspläne, gegen den Bruch der belgischen Neutralität, gegen die Unmenschlichkeit der Kriegsführung, gegen die Militärdiktatur, gegen die politische und soziale Pflichtvergessenheit, deren sich die herrschenden Klassen auch und gerade jetzt schuldig machen, lehnen wir die geforderten Kredite ab.

Gegen 17 Stimmen (den Vierzehn vom 3. August – außer Lensch, der sich diesmal zur Mehrheit schlug – und weiter Emmel, Stadthagen, Stolle, Baudert) wurde die Bewilligung beschlossen. Die Ausarbeitung der Erklärung wurde wieder einer Kommission übertragen, deren Werk am 30. November mit unerheblicher Änderung angenommen wurde. Ein zur Verlesung gebrachter Brief Viktor Adlers, der die

Fraktion beschwor, eine energische Kundgebung für den Frieden und gegen den Bruch der belgischen Neutralität zu erlassen, blieb ohne Erfolg. Die Mehrheit erachtete jedes öffentliche Eintreten für den Frieden als eine Gefährdung der Interessen Deutschlands und begnügte sich mit der Wiederholung eines Satzes aus der Erklärung vom 4. August. Ein Protest gegen die Verletzung der belgischen Neutralität wurde abgelehnt und nur beschlossen, falls der Reichskanzler am 2. Dezember nach dem Willen der »Kriegspartei« eine Rechtfertigung dieses Völkerrechtsbruches unternehmen sollte, den Standpunkt des Reichskanzlers vom 4. August kurz aufrechtzuerhalten.

Henke beantragte, der Minderheit ausdrücklich zu gestatten, ihre abweichende Auffassung öffentlich im Plenum zu vertreten und zu begründen. Dagegen wandte sich u.a. Haase und Molkenbuhr. Letzterer berief sich auf einen Beschluss des Gothaer Parteitages von 1876, der einheitliche Fraktionsbestimmungen vorschreibe. Der Antrag wurde darauf von Henke zurückgezogen, aber von Liebknecht aufgenommen und verteidigt. Er verfiel gegen sieben Stimmen der Ablehnung.

Wie am 3. August, so weigerte sich Haase auch am 30. November hartnäckig gegen die Verlesung der Mehrheitserklärung. Nach langem Drängen ließ er sich jedoch auch diesmal umstimmen.

Wie die am 3. August beschlossene Erklärung, so wurde auch die jetzige den bürgerlichen Parteien und der Regierung alsbald unterbreitet. Während die Regierung zunächst keine Einwendung erhob, drängten die bürgerlichen Parteien und schließlich auch die Regierung am 1. Dezember, an dem die Verhandlungen der glorreichen freien Kommission begannen, auf Streichung oder Abänderung der Sätze über den Belagerungszustand, die Annexionspolitik und die belgische Frage. Staatssekretär Delbrück bemerkte dabei zu den Fraktionsvertretern: ihm hätten Fraktionsmitglieder gesagt, sie seien bereit, ohne jede Erklärung der Fraktion für die Kredite zu stimmen; und der Volksparteiler Payer: er wisse aus dem Munde von sozialdemokratischen Abgeordneten, dass sie keineswegs grundsätzlich Gegner von Eroberungen seien. Eine in der Fraktionssitzung vom 2. Dezember ergangene Aufforderung, die betreffenden Genossen möchten sich melden, blieb erfolglos.

Als die auf Änderung der Erklärung gerichteten Machenschaften am Abend des 1. Dezember in der Fraktion bekannt wurden, versammelten sich auf Veranlassung Hochs etwa 20 bis 30 Fraktionsmitglieder und beschlossen feierlich, falls die Fraktionsmehrheit dem Willen der bürgerlichen Parteien und der Regierung nachgebe, sich dem öffentlich zu widersetzen und die am 30. November abgefasste Erklärung in der Plenarsitzung vom 2. Dezember als Minderheitsvotum vorzutragen. Es sollte jedoch beim guten Willen bleiben. Die Drohung genügte; die heroische Tat blieb der Weltgeschichte erspart.

Zu Liebknechts Sonderabstimmung

Abstimmungsbegründung
(dem Reichspräsidenten gemäß § 59 der Geschäftsordnung überreicht)

Meine Abstimmung zur heutigen Vorlage begründe ich wie folgt: Dieser Krieg, den keines der beteiligten Völker selbst gewollt hat, ist nicht für die Wohlfahrt des deutschen oder eines anderen Volkes entbrannt. Es handelt sich um einen imperialistischen Krieg, einen Krieg um die kapitalistische Beherrschung des Weltmarktes, um die politische Beherrschung wichtiger Siedlungsgebiete für das Industrie- und Bankkapital. Es handelt sich vom Gesichtspunkt des Wettrüstens um einen von der deutschen und österreichischen Kriegspartei gemeinsam im Dunkel des Halbabsolutismus und der Geheimdiplomatie hervorgerufenen Präventivkrieg. Es handelt sich auch um ein bonapartistisches Unternehmen zur Demoralisation und Zertrümmerung der anschwellenden Arbeiterbewegung. Das haben die verflossenen Monate trotz einer rücksichtslosen Verwirrungsregie mit steigernder Deutlichkeit gelehrt.

Die deutsche Parole: »Gegen den Zarismus«, diente – ähnlich der jetzigen englischen und französischen Parole: »Gegen den Militarismus« – dem Zweck, die edelsten Instinkte, die revolutionären Überlieferungen und Hoffnungen des Volkes für den Völkerhass zu mobilisieren. Deutschland, der Mitschuldige des Zarismus, das Muster politischer Rückständigkeit bis zum heutigen Tage, hat keinen Beruf zum Völkerbefreier. Die Befreiung des russischen wie des deutschen Volkes muss deren eigenes Werk sein.

Der Krieg ist kein deutscher Verteidigungskrieg. Sein geschichtlicher Charakter und bisheriger Verlauf verbieten, einer kapitalistischen Regierung zu vertrauen, dass der Zweck, für den sie die Kredite fordert, die Verteidigung des Vaterlandes ist.

Ein schleuniger, für keinen Teil demütigender Friede, ein Friede ohne Eroberungen, ist zu fordern; alle Bemühungen dafür sind zu begrüßen. Nur die gleichzeitige dauernde Stärkung der auf einen solchen Frieden gerichteten Strömungen in allen kriegführenden Staaten kann dem blutigen Gemetzel vor der völligen Erschöpfung aller beteiligten Völker Einhalt gebieten. Nur ein auf dem Boden der internationalen Solidarität der Arbeiterklasse und der Freiheit aller Völker erwachsener Friede kann ein gesicherter sein. So gilt es für das Proletariat aller Länder, auch heute im Kriege gemeinsame sozialistische Arbeit für den Frieden zu leisten.

Die Notstandskredite bewillige ich in der verlangten Höhe, die mir bei weitem nicht genügt. Nicht minder stimme ich allem zu, was das harte Los unserer Brüder im Felde, der Verwundeten und Kranken, denen mein unbegrenztes Mitleid gehört, irgend lindern kann; auch hier geht mir keine Forderung weit genug. Unter Protest jedoch gegen den Krieg, seine Verantwortlichen und Regisseure, gegen die kapitalistische Politik, die ihn heraufbeschwor, gegen die kapitalistischen Ziele, die er verfolgt, gegen die Annexionspläne, gegen den Bruch der belgischen und luxemburgischen Neutralität, gegen die Militärdiktatur, gegen die soziale und politische Pflichtvergessenheit, deren sich die Regierung und die herrschenden Klassen auch heute noch schuldig machen, lehne ich die geforderten Kriegskredite ab.

Berlin, den 2. Dezember 1914

(gez.) Karl Liebknecht

Der Präsident hat die Aufnahme dieser Begründung in den stenographischen Bericht abgelehnt, weil in ihr Äußerungen enthalten seien, »die, wenn sie im Hause gemacht wären, Ordnungsrufe nach sich gezogen haben würden«.

***

Berlin, den 3. Dezember 1914
An den Vorstand der sozialdemokratischen Reichstagsfraktion
Berlin
Werte Genossen!

Bei der gestrigen Abstimmung im Reichstage befand ich mich in einer Zwangslage. Die Ablehnung der Vorlage war nach meiner Überzeugung geboten durch das Parteiprogramm und die Beschlüsse der internationalen Kongresse. Ich bin verpflichtet, im Sinne des Parteiprogramms und dieser Beschlüsse zu wirken. Ein Fernbleiben von der Sitzung und der Abstimmung erschien mir unmöglich bei der außerordentlichen Wichtigkeit der Vorlage; ich musste mein Mandat als Abgeordneter durch Stellungnahme zu ihr ausüben. Jedes andere Verhalten, das meine von der Fraktion abweichende Auffassung zum Ausdruck brachte, war mir genauso verwehrt wie ein ablehnendes Votum. Es war mir kein Weg gelassen, um die Verantwortung für den verhängnisvollen Beschluss der Fraktion abzulehnen, eine Verantwortung, die ich nach meiner sorgfältigen und immer wiederholten Prüfung unter keinen Umständen tragen kann.

Ich habe mich bemüht, von der Fraktion die Erlaubnis zu einer abweichenden Abstimmung zu erwirken. Die Fraktion hat sie versagt, obwohl der jetzige Fall sowohl seiner Bedeutung wie seinen inneren Schwierigkeiten nach ein ganz einziger war. Sie war nicht durch den Parteitagsbeschluss von 1876 gebunden. Dieser Beschluss will und kann die Fraktion nicht ermächtigen, durch das Mittel der Disziplin Verstöße gegen Parteibeschlüsse zu erzwingen. Der Fraktionsbeschluss aber war ein schwerer Verstoß gegen grundlegende Parteibeschlüsse.

In diesem Gewissenskonflikt musste ich die Pflicht der F r a k t i - o n s disziplin, so hoch ich sie schätze, der Pflicht zur Vertretung des

Parteiprogramms unterordnen. Ich hoffe dafür bei den Genossen in und außerhalb der Fraktion Verständnis zu finden.

Dem Reichstagspräsidenten habe ich die abschriftlich beigefügte Begründung meiner Abstimmung gemäß § 59 der Geschäftsordnung überreicht. Wie ich soeben erfahre, lehnt er ihre Aufnahme in den stenographischen Bericht ab. Ich bemühe mich, wenigstens einen Vermerk in den stenographischen Bericht zu bringen, der auf diese Tatsache hinweist.

Mit Parteigruß

(gez.) Karl Liebknecht

Erklärung
(mit sechs gegen eine Stimme angenommen)

Der Vorstand der sozialdemokratischen Reichstagsfraktion stellt fest, dass der Genosse Karl Liebknecht entgegen dem alten Brauch der Fraktion, der durch einen ausdrücklichen Beschluss für den vorliegenden Fall erneuert wurde, gegen die Kriegskreditvorlage gestimmt hat. Der Vorstand bedauert diesen Bruch der Disziplin, der die Fraktion noch beschäftigen wird, aufs Tiefste.

Der Vorstand der sozialdemokratischen Reichstagsfraktion
(veröffentlicht im »Vorwärts« vom 3. Dezember 1914)

***

Berlin, den 13. Januar 1915
An den Vorstand der sozialdemokratischen Reichstagsfraktion
Berlin
Werte Genossen!

Ich nehme Veranlassung, auf mein Schreiben vom 3. vorigen Monats zurückzukommen. In diesem Schreiben erörterte ich u.a. einen angeblichen Beschluss des Gothaer Parteitags von 1876, der die Geschlossenheit der öffentlichen Fraktionsabstimmungen vorschreiben und zersplitterte Abstimmungen der Fraktion verbieten sollte. Ich stützte mich hierbei auf eine Mitteilung des Genossen Molkenbuhr in der Fraktionssitzung. Inzwischen habe ich festgestellt, dass der von Molkenbuhr behauptete Parteitagsbeschluss überhaupt nicht existiert. Nach Seite 27 des alten Gothaer Protokolls ist allerdings ein entsprechender Antrag gestellt gewesen. Dieser Antrag ist jedoch, wie Seite 30 und 31 des Protokolls ergibt, durch Annahme des Antrages Löwenstein, d.h. durch Übergang zur Tagesordnung, erledigt. Bemerkenswert ist, dass der hiernach nichts weniger als angenommene Antrag von demselben Genossen Molkenbuhr verfochten worden ist, der durch die unrichtige Behauptung von der Annahme eines derartigen Antrags einen erheblichen Einfluss auf den Gang der Fraktionsverhandlungen geübt hat.[6]

Wie mir zu Ohren kommt, wird in der Parteiausschusssitzung allerhand über mich und meine Abstimmung vom 2. Dezember geredet. Ich ersuche Sie, dem Parteiausschuss noch vor Abschluss seiner Verhandlungen von diesem Schreiben Kenntnis zu geben.

Mit Parteigruß

(gez.) Karl Liebknecht

Die »Labour Leader«-Briefe

An die Redaktion des »Labour Leader«
London
Werte Genossen!

Für ein Mitglied der deutschen Sozialdemokratie ist es eine schwere Aufgabe, im gegenwärtigen Augenblick über die Solidarität des internationalen Proletariats zu schreiben. Es hieße heucheln, wenn man bestreiten wollte, dass die Mehrheit der sozialdemokratischen Reichs-

---

6   Selbst diese Darstellung ist übrigens dem Genossen Molkenbuhr zu günstig. Tatsächlich ist der Antrag nach S. 32 direkt abgelehnt worden, »weil durch die Fraktionsabstimmung die persönliche Überzeugung der Abgeordneten verwischt werde«.

tagsfraktion dieser Solidarität zwar nicht die einzige, aber doch die erste und die tiefste Wunde geschlagen hat, und man kommt darüber nicht hinweg mit der törichten Rede, dass die Internationale kein wirksames Werkzeug im Kriege, sondern im Wesentlichen ein Friedensinstrument sei. Das heißt sagen: An einem Schwert ist das Wesentliche nicht die Klinge, sondern der Griff.

Aber das ungünstige Licht, worin die deutsche Sozialdemokratie den Schwesterparteien des Auslandes erscheint, täuscht dennoch. Was sich heute in ihr abspielt, hat sein Vorbild in dem ersten Jahre des Sozialistengesetzes, wo die Führer auch kopflos wurden, aber die Massen sich alsbald sammelten unter der Parole: Mit den Führern, wenn diese wollen, ohne die Führer, wenn sie untätig bleiben, trotz den Führern, wenn sie widerstreben. Schon gärt es mächtig in allen großen Parteizentren Deutschlands: in Berlin, Hamburg, Leipzig, Stuttgart, und der Tag ist nicht mehr fern, wo der Frieden und die Rückkehr zu den unerschütterlichen Grundsätzen der Internationalen von der deutschen Arbeiterklasse gefordert werden wird mit der ungestümen Kraft eines Willens, den die Kämpfe eines halben Jahrhunderts gestählt haben.

Berlin-Steglitz, im Dezember 1914

Franz Mehring

***

An die Redaktion des »Labour Leader«
London
Werte Genossen!

Mit Freude und mit tiefem Schmerz zugleich muss jeder deutsche Sozialdemokrat, der in seiner Gesinnung der proletarischen Internationale treu geblieben ist, die Gelegenheit ergreifen, um den Genossen im Auslande einen sozialistischen Brudergruß zu senden. Unter den mörderischen Schlägen des imperialistischen Weltkrieges ist unser Stolz und unsere Hoffnung: die Internationale der Arbeiterklasse, schmachvoll zusammengebrochen, und am schmachvollsten allerdings unsere deutsche Sektion der Internationale, die an der Spitze des

Weltproletariats zu marschieren berufen war. Es ist nötig, diese bittere Wahrheit auszusprechen, nicht um sich einer fruchtlosen Verzweiflung und Resignation zu ergeben, sondern im Gegenteil, um aus der rücksichtslosen Erkenntnis der begangenen Fehler und der vorhandenen Sachlage die verheißenden Lehren für die Zukunft zu schöpfen. Es wäre das Verhängnisvollste für die Zukunft des Sozialismus, wenn sich die Arbeiterparteien verschiedener Länder entschließen würden, die bürgerliche Theorie und Praxis völlig anzunehmen, wonach es als natürlich und unvermeidlich gelten soll, dass sich die Proletarier verschiedener Nationen im Kriege auf Kommando ihrer herrschenden Klassen gegenseitig die Gurgeln abschneiden, nach dem Kriege aber miteinander wieder brüderliche Umarmungen austauschen, wie wenn nichts geschehen wäre. Eine Internationale, die so bewusst ihren heutigen furchtbaren Verfall als normale Praxis auch für die Zukunft anerkennen und dennoch behaupten würde, dass sie existiert, wäre nur ein empörendes Zerrbild des Sozialismus, ein Produkt der Heuchelei, ganz wie die Diplomatie der bürgerlichen Staaten, ihre Allianzen und ihre Völkerrechtsverträge. Nein! Das furchtbare gegenseitige Gemetzel von Millionen Proletarier, dem wir jetzt mit Grausen beiwohnen, diese Orgien des mordenden Imperialismus, die unter den heuchlerischen Aushängeschildern des »Vaterlandes«, der »Kultur«, der »Freiheit«, des »Völkerrechts« stattfinden, Länder und Städte verwüsten, die Kultur schänden, die Freiheit und das Völkerrecht zertreten, sie sind ein blanker Verrat am Sozialismus.

Aber der internationale Sozialismus wurzelt zu fest und zu tief in den heutigen Verhältnissen, als dass es bei diesem Zerfall bleiben könnte. Der Imperialismus und seine schrecklichen Lehren sorgen selbst dafür, dass die proletarische Internationale aus den Trümmern wieder aufersteht als die einzige Rettung der Menschheit von der Hölle einer verfallenden und historisch verwirkten Klassenherrschaft. Schon jetzt, nach wenigen Monaten des Krieges, verfliegt auch in Deutschland der chauvinistische Rausch bei den arbeitenden Massen, die von ihren Führern in der großen geschichtlichen Stunde im Stiche gelassen worden sind, die Besinnung kehrt zurück, und mit jedem Tage wächst die Zahl der Proletarier, denen das, was heute vorgeht, eine brennende Röte der Scham und des Zorns ins Gesicht treibt.

Aus diesem Kriege werden die Volksmassen nur noch mit stürmischerem Drang unter unsere alte Fahne der sozialistischen Internationale zurückkehren, nicht um sie bei der nächsten imperialistischen Orgie wieder zu verraten, sondern um sie gegen die gesamte kapitalistische Welt, ihre verbrecherischen Ränke, ihre infamen Lügen und ihre elenden Phrasen vom »Vaterland« und von der »Freiheit« geschlossen zu verteidigen und auf den Trümmern des blutigen Imperialismus siegreich aufzupflanzen.

Berlin-Südende, im Dezember 1914

Mit den herzlichsten sozialistischen Brudergrüßen

R. Luxemburg

***

An die Redaktion des »Labour Leader«

London

Werte Genossen!

Ich freue mich, in einer Zeit, in der die herrschenden Klassen Deutschlands und Englands mit allen Mitteln blutdürstigen Hass zwischen beiden Völkern schüren, als deutscher Sozialist englischen Sozialisten Worte der Brüderlichkeit schreiben zu können. Es schmerzt mich, diese Worte in einer Zeit schreiben zu müssen, wo die sozialistische Internationale, unsere strahlende Zuversicht von einst, mit tausend Hoffnungen zertrümmert am Boden liegt, wo nur allzu viele »Sozialisten« in den meisten kriegführenden Ländern – Deutschland wahrlich nicht ausgenommen – sich just, da die Gemeinschädlichkeit der kapitalistischen Gesellschaftsordnung offenbarer ward als je, in dem räuberischsten aller Raubkriege gefügig vor den Kriegswagen des Imperialismus haben schirren lassen. Aber ich bin glücklich und stolz, meine Grüße gerade Ihnen, gerade der ILP zu schicken, die mit unseren russischen und serbischen Brüdern die Ehre des Sozialismus im Taumel der Völkerzerfleischung gerettet hat.

Verwirrung herrscht in den Reihen der sozialistischen Armee, und mancher klagt darob die sozialistischen Grundsätze an. Aber nicht nur unsere Grundsätze haben versagt, sondern ihre Vertreter. Nicht zu ändern gilt es unsere Lehren, sondern sie lebendig zu machen, zur Tat zu gestalten.

Trügerische Flitter sind die Vaterlandsverteidigungs- und Völkerbefreiungsphrasen, mit denen der Imperialismus seine Mordwerkzeuge schmückt. Jede sozialistische Partei hat ihren Feind, den Feind des internationalen Proletariats, im eigenen Lande; dort hat sie ihn zu bekämpfen. Die Befreiung jedes Volkes muss sein eigenes Werk sein.

Nur Verblendung kann Fortsetzung des Gemetzels bis zur Niederwerfung der »Feinde« fordern. Das Wohlergehen aller Völker ist untrennbar verknüpft; der Klassenkampf des Proletariats kann nur international geführt werden.

Siebenmal Weise, deren opportunistische Seele sich nur allzu willig von den Wirbeln der diplomatischen Winde, von dem Strudel des entfesselten Chauvinismus davontragen ließ, sagen, die Zukunft der Arbeiterbewegung werde fürder nicht mehr international sein. Der Weltkrieg aber, der die bisherige Internationale zertrümmerte, ist die gewaltigste Predigt für die neue Internationale, eine Internationale freilich anderen Geistes, anderer Entschlossenheit als jene, deren die kapitalistischen Mächte am 4. August 1914 so spielend Herr wurden.

Nur in dem Zusammenwirken der arbeitenden Massen aller Länder für den Frieden liegt schon jetzt im Kriege das einzige Heil der Menschheit. Nirgends haben diese Massen den Krieg gewollt, nirgends wollen sie ihn. Sollen sie, den Abscheu gegen den Krieg im Herzen, einander bis zum Weißbluten zerfleischen? Kein Volk soll anfangen dürfen, vom Frieden zu reden – nun, so mögen sie alle zugleich davon reden; und welches zuerst davon redet, wird Stärke, nicht Schwäche zeigen, und Ruhm und Dank ernten. Jeder Sozialist hat in seinem Lande auch heute zu wirken als Klassenkämpfer und Verkünder der internationalen Brüderlichkeit, im Vertrauen, dass jedes Wort, das er für den Sozialismus, für den Frieden spricht, jede Tat, die er für sie verrichtet, gleiche Worte und Taten in den anderen Ländern entzündet, bis die Flamme des Friedenswillens über Europa hell auflodert.

Das Vorbild, das Sie und unsere russischen und serbischen Freunde der Welt gegeben haben, wird Nacheiferung finden, wo die Sozialdemokratie bisher noch im Garn der herrschenden Klassen gefangen sitzt. Und ich bin gewiss, dass die Masse der englischen Arbeiter bald zu den tapferen Scharen der ILP stoßen wird. Schon heute ist die Stimmung auch der deutschen Arbeiterschaft viel mehr als zumeist bekannt, einer solchen Haltung geneigt. Immer stürmischer wird sie diesen ihren Willen geltend machen, immer stürmischer, je mehr sie das Echo ihres Friedensrufs in den anderen Ländern vernimmt. Beim Proletariat aller kriegführenden Länder wird sich so der Entschluss Bahn brechen, in internationalem Zusammenwirken einen Frieden im Sinne des Sozialismus zu erkämpfen, einen Frieden ohne Eroberung, ohne Demütigung, einen Frieden, der, nicht auf Hass, sondern auf Brüderlichkeit, nicht auf Gewalt, sondern auf Freiheit gebaut, die Gewissheit der Dauer in sich trägt.

So kann die Internationale, kämpfend und frühere Fehler sühnend, wieder auferstehen während des Weltkrieges. So wird sie wieder auferstehen müssen, aber als eine andere, gemehrt an revolutionärer Kraft, an Klarheit, an Bereitschaft, die Gefahren des Absolutismus, der Geheimdiplomatie und der kapitalistischen Verschwörungen gegen den Frieden zu überwinden.

Proletarier aller Länder, vereinigt euch! Krieg dem Kriege!

Berlin, im Dezember 1914

Mit sozialistischen Grüßen

(gez.) Karl Liebknecht

Einige Resolutionen[7]

Resolution
(angenommen mit 54 gegen 4 Stimmen von der Vertrauensmännerkonfe-
renz zu X. am 20. Dezember 1914, im Februar 1915 mit großer Mehr-
heit im Wahlverein X. und gegen wenige Stimmen vom Wahlverein Y. am
20. Januar 1915)

1. Der Krieg ist nicht nur das Ergebnis einer von uns stets bekämpften Politik des Wettrüstens, der Geheimdiplomatie, nicht nur ein unmittelbar gegen die Arbeiterbewegung gerichtetes bonapartistisches Unternehmen. Er ist seinem geschichtlichen Wesen nach imperialistisch. Er ist imperialistisch nach seiner Entstehung. Er ist imperialistisch nach seinen Zielen, d.h. er verfolgt kapitalistische Ausdehnungs- und Eroberungszwecke. Alles dies gilt in höchstem Maße gerade von Deutschland, dessen Kriegspartei ihn im Einvernehmen mit der österreichischen Kriegspartei unter einer rücksichtslosen Verwirrungsregie auch unmittelbar veranlasst hat. Durch feindliche Einbrüche in den einen imperialistischen Raubkrieg führenden Staat wird der Krieg nicht zu einem Krieg für die Verteidigung der staatlichen und nationalen Unversehrtheit. Solche Einbrüche sind das Risiko jedes Eroberungskrieges. Der imperialistische Krieg wird geführt von einer kapitalistischen Regierung, die von den imperialistischen Mächten beherrscht wird. Es ist ein Widersinn, anzunehmen, der seinem Wesen nach imperialistische Krieg werde von ihr als ein Krieg der nationalen Verteidigung geführt. Die Kriegskredite dienen also imperialistischen Zwecken.

2. Das Wohlergehen der Völker ist bei der heutigen wirtschaftlichen und sozialen Entwicklung untrennbar verbunden (vgl. »Jugend-Internationale« Nr. 2 die »Implocabilis Glosse« (Leitartikel!)). Der Klassenkampf des Proletariats kann nur international geführt werden, nur international erfolgreich sein. Jede Schädigung der Arbeiterklasse eines Landes zieht das Proletariat auch aller anderen Länder in Mitleidenschaft. Das sozialistische Proletariat keines Landes darf dazu beitragen, dass das Proletariat irgendeines anderen Landes die aus einer

---

[7] Von Liebknecht vorgelegt.

Niederlage etwa erwachsenden Schädigungen erfährt. Die Aufgabe der Sozialisten in jedem Lande muss sein, alle solche Schädigungen jedes Landes zu verhindern.

Die Aufgabe der Sozialisten ist, einen Frieden ohne Eroberungen, ohne Demütigung irgendeines Landes zu erkämpfen, alles zu tun, um in allen beteiligten Ländern eine wachsende Bewegung für einen solchen sozialistischen Frieden zu erwecken. Jede Förderung des Krieges in jedem Lande erschwert die Erreichung dieses Zieles. Die Sozialisten haben ihre Haltung zum Kriege von diesem internationalen Standpunkt aus einzunehmen, und zwar auch im Interesse jedes einzelnen Volkes.

Die Bewilligung der Kredite ist eine Unterstützung des Krieges, eines imperialistischen Krieges. Sie verstößt gegen das Wesen der Sozialdemokratie, gegen ihr Programm und die Beschlüsse der internationalen Kongresse.

Resolution

(gegen drei Stimmen am 11. Januar 1915 angenommen von der Kreis-konferenz des 6. Berliner Reichstagswahlkreises)

Die Kreiskonferenz des Wahlvereins des 6. Berliner Reichstagswahlkreises protestiert aufs Schärfste gegen den Belagerungszustand und insbesondere gegen die unerträgliche Beseitigung des an sich unzureichenden Presse- und Versammlungsrechts, und ersucht den Parteivorstand und die Reichstagsfraktion unter Weitergabe dieses Protestes an die Regierung, mit allem Nachdruck auf die Aufhebung des Belagerungszustandes hinzuwirken.

Resolution

(am 20. Januar 1915 einstimmig angenommen vom Wahlverein Y.)

Die Versammlung brandmarkt den Krieg als ein imperialistisches Unternehmen. Sie protestiert auf das Schärfste gegen den Bruch der luxemburgischen und belgischen Neutralität; sie protestiert gegen den Belagerungszustand, gegen die Knebelung der Versammlungs- und Pressefreiheit. Sie fordert den schleunigen Abschluss eines Friedens ohne Eroberung, ohne Demütigung; eines Friedens im Geiste der internationalen Solidarität der Völker. Ein Ende dem Völkermord!

Resolution
(einstimmig angenommen am 25. Januar 1915 in der Versammlung des Wahlvereins zu Z.)

Die Versammlung brandmarkt den Krieg als ein imperialistisches Unternehmen, das unter der Verwirrungsphrase der Vaterlandsverteidigung in Wahrheit kapitalistischen Eroberungszwecken dient. Sie klagt die herrschenden Klassen und die Regierungen der kriegführenden Länder, insbesondere auch Deutschlands, an, das entsetzliche Unheil durch ihre kapitalistische Politik, durch die Politik des Wettrüstens und der Geheimdiplomatie heraufbeschworen und um ihrer imperialistischen Interessen willen viele Millionen Menschen in Elend, Jammer und Verzweiflung gestürzt haben.

Die Versammlung protestiert aufs Schärfste gegen den Bruch der luxemburgischen und belgischen Neutralität. Sie protestiert gegen den Belagerungszustand, gegen die unerträgliche Knebelung der Versammlungs- und Pressefreiheit. Sie stellt fest, dass die politische Unterdrückung der Arbeiterklasse ebenso wie ihre wirtschaftliche Ausbeutung während des Krieges nicht gemindert, sondern verschärft ist. Sie spricht die Überzeugung aus, dass die Volksmassen durch den Weltkrieg, gleichviel, wie er ausgehen wird, keine Erleichterung, sondern eine Verstärkung des politischen und wirtschaftlichen Drucks erfahren werden, wenn sie nicht ihr Geschick entschlossen selbst die Hand nehmen. Sie erneuert das Gelübde internationaler Solidarität, in deren Betätigung das einzige Heil des in seinen Interessen untrennbar verknüpften Proletariats aller Länder liegt.

Sie fordert den schleunigen Abschluss eines Friedens ohne Eroberung, ohne Demütigung der beteiligten Völker, eines Friedens im Geiste der internationalen sozialistischen Brüderlichkeit. Sie warnt die herrschenden Klassen und die Regierungen der kriegführenden Länder vor der Fortsetzung des blutigen Gemetzels. Sie ruft das deutsche Proletariat und das Proletariat der anderen kriegführenden Staaten auf, der imperialistischen Kriegspolitik eine Politik des Klassenkampfes gegen den Krieg entgegenzusetzen und so gemeinsam sozialistische Friedensarbeit zu leisten.

Sie fordert den deutschen Parteivorstand auf, ohne Verzug im Interesse der Volksmassen und der Menschheitskultur einen solchen

sozialistischen Kampf für den Frieden aufzunehmen unter der Parole:
Proletarier aller Länder, vereinigt euch! Krieg dem Kriege!

Sitzungen der Reichstagsfraktion vom 2. bis 4. Februar 1915

Die Fraktionssitzungen vom 2. bis 4. Februar 1915 fanden auf Betreiben Ledebours statt, der sein Amt als Mitglied des Fraktionsvorstandes aus bekannten Gründen niedergelegt hatte und eine Entscheidung der Fraktion über die Regierungstätigkeit Südekums in Rumänien und unter den Franzosen in deutschen Gefangenenlagern anstrebte.

Im Handumdrehen wurde jedoch aus dem Anklagetribunal gegen Südekum eine Sternkammer gegen Liebknecht und Ledebour. Südekum verließ die Sitzungen als Triumphator – ein sanfter Tadel des Parteivorstandes, der ihm unter dem Siegel der Verschwiegenheit erteilt war, erhöhte nur den Reiz des gesicherten Wohlwollens, mit dem sich die Fraktionsmehrheit für den freiwilligen Regierungskommissar aufwarf. Durch einen theoretischen Beschluss wurde sein Verhalten prinzipiell geradezu gebilligt.

Zum Fall Liebknecht liegen drei Anträge vor.

1. Der Fraktionsvorstand schlägt vor:

Die Abstimmung der Fraktion im Plenum des Reichstages hat geschlossen zu erfolgen, soweit nicht für den einzelnen Fall die Abstimmung ausdrücklich freigegeben ist.

Glaubt ein Fraktionsmitglied, nach seiner Überzeugung an der geschlossenen Abstimmung der Fraktion nicht teilnehmen zu können, so steht ihm das Recht zu, der Abstimmung fernzubleiben, ohne dass dies einen demonstrativen Charakter tragen darf.

Dazu beantragt Stadthagen den Zusatz, dass nur solche Fraktionsbeschlüsse bindend sind, die dem Parteiprogramm und den Parteitagsbeschlüssen entsprechen; Bernstein den Zusatz, dass denjenigen Fraktionsmitgliedern, die versicherten, den Fraktionsbeschluss nach ihrem Gewissen nicht befolgen zu können, die Befugnis zur abweichenden Abstimmung gewährt werden müsse; Ledebour zu Absatz 2, dass das Fernbleiben nur gestattet sein solle, wenn es die Abstimmung der Fraktion im Plenum nicht gefährde.

2. Legien fordert den Ausschluss Liebknechts aus der Fraktion.

3. Frohme beantragt:

Die Fraktion schließt sich der über die Abstimmung Liebknechts abgegebenen Erklärung des Fraktionsvorstandes vom 2. Dezember 1914 an. Sie verurteilt den von Liebknecht begangenen Disziplinarbruch aufs Schärfste.

Sie weist die von ihm verbreitete Begründung seiner Abstimmung als unvereinbar mit den Interessen der deutschen Sozialdemokratie entschieden zurück.

Ebenso verurteilt sie die von Liebknecht im Ausland verbreiteten irreführenden Mitteilungen über Vorgänge innerhalb der Partei.

Da der Fraktion nach dem Organisationsstatut nicht die Handhabe zu weitergehenden Maßnahmen zusteht, so muss sie die endgültige Entscheidung dem nächsten Parteitag anheimstellen.

Hierzu stellt Bernstein einen Abänderungsantrag, der anerkennt, dass Liebknecht im guten Glauben und in bester Überzeugung gehandelt habe.

In der Debatte, die den ganzen Tag andauert und durch einen Schlussantrag abgeschnitten wird, wendet sich zwar die Mehrzahl der Redner gegen Liebknecht. Einige jedoch bekämpfen die gegen ihn gerichteten Anträge. Stadthagen und Ledebour betonen, dass er bei seiner Überzeugung von der Programmwidrigkeit der Kreditbewilligung berechtigt war, gegen den Beschluss der Fraktionsmehrheit zu handeln, und verweisen auf offenbar gröbliche Verstöße anderer Genossen gegen die Fraktionsdisziplin, die ungeahndet geblieben sind. Edmund Fischer stellt fest, dass er und, wie er erfahren habe, wohl 20 bis 30 andere Fraktionsmitglieder am 3. August entschlossen waren, entgegen einem etwaigen Kreditablehnungsbeschluss der Fraktion öffentlich für die Kredite zu stimmen; unter diesen Umständen sei jede Verurteilung Liebknechts eine Ungerechtigkeit und Heuchelei.

Eduard Bernstein schließlich kennzeichnet die Peinlichkeit der exerziermäßigen Jasagerei und erklärt frei heraus, er habe sich über das Verhalten Liebknechts geradezu gefreut.

Frohme beruft sich auf den gegen die »Jungen« gerichteten Beschluss des Erfurter Parteitages von 1891, in dem es heißt:

»Der Parteitag verlangt ferner von jedem einzelnen Genossen, dass er den Beschlüssen der Gesamtheit und den Anordnungen der Parteiorgane, solange diese innerhalb der ihnen zugewiesenen Befugnisse handeln, volle Beachtung schenkt. «

Schöpflin behauptet, Liebknecht fahre bei der Jugend von 15 bis 18 Jahren herum und lasse sich von ihr in allerhand Konventikeln Vertrauensvoten ausstellen. Auch Legien und andere reden von Konventikeln Liebknechts u. dgl. Liebknecht stellt fest, dass ihm ganz ohne sein Zutun von einigen Jugendsektionen der Wahlvereine, die die Genossen von 18 bis 21 Jahren umfassen, schriftliche Zustimmungserklärungen übersandt seien, dass er ferner einmal an einer Besprechung von erwachsenen Jugendleitern teilgenommen habe, in der kein Mensch daran gedacht habe, irgendwelche Beschlüsse oder Resolutionen auch nur anzuregen; er habe ausschließlich in Wahlvereinen und Gewerkschaften referiert, und zwar in ordnungsmäßig berufenen Mitgliederversammlungen, Vertrauensmännerkonferenzen, Zahlabenden, Generalversammlungen, auf Einladung der dazu statutgemäß berufenen Instanzen; zumeist hatten Verfechter der Kreditbewilligung in diesen Versammlungen schon vorher gesprochen, oder es fand Referat und Korreferat statt; das Schlagwort von den Konventikeln sei ebenso bequem wie unwahr; nie hätte so sehr wie heute Politik in die Jugend, das Kanonenfutter von morgen oder gar heute, gehört; gar mancher Genosse von der Majorität habe zum Entzücken der Regierung und aller Imperialisten bei der Jugend hurrapatriotisch agitiert; im neuen Jugendkalender schütte Heinrich Schulz Patriotismus und Kriegsbegeisterung eimerweise aus.

Heine meint, Liebknecht habe damit Schöpflins Behauptung bestätigt.

Liebknecht erklärt es als sein gutes Recht, mit ausländischen Parteigenossen, die doch auch Parteigenossen seien, über Vorgänge in der deutschen Partei, die bekannt zu geben das Interesse der Arbeiterbewegung erfordere, ebenso offen zu sprechen wie mit deutschen Genossen. Er verweist auf den Bericht der belgischen Partei über den Besuch von vier deutschen Genossen (abgedruckt in der »Humanité« vom 17./18. Dezember 1914). Daraus ergebe sich, dass Genosse Wendel den belgischen Freunden allerhand – übrigens unzutreffende oder doch missverstandene – Mitteilungen über interne Fraktionsvorgänge gemacht habe. Nur in Anknüpfung daran und an irreführende Mitteilungen der Genossen Südekum, Fischer und Scheidemann im Auslande sowie an den bekannten Artikel des Genossen Pannekoek in der holländischen »Tribüne« habe auch er den ausländischen Freunden einiges berichtet, was zur Aufklärung gerade im Interesse der deutschen Partei gedient hat. Er habe sich dabei an unbestreitbare und unbestrittene Tatsachen gehalten; in den nachträglichen Aufzeichnungen der belgischen Genossen seien, wie der Bericht der »Humanité« zeige, manche Irrtümer untergelaufen, für die er selbstverständlich keine Verantwortung trage. Er verlange, dass man ihm wenigstens e i n e von ihm verbreitete irreführende Mitteilung nenne und nachweise. Er bestreite, irgendeine solche Mitteilung gemacht zu haben. Ein Mitglied des Parteivorstandes verbreitet im Auslande deutsche Weißbücher – in sonderbarer Selbsttäuschung; denn das deutsche Weißbuch ist für die deutsche Regierung höchst kompromittierlich. Legien trägt die Parteiangelegenheiten auf den breiten Markt. Heine zerrt Einzelheiten aus der Fraktionsberatung vom 30. November in die Öffentlichkeit des Auslandes (»Berner Tageblatt«); offizielle Parteigesandte (Fischer, Südekum u.a.) diskreditieren die Partei durch unzutreffende und unsozialdemokratische Artikel und Äußerungen im Ausland. Aber gegen ihn (Liebknecht), der kein unrichtiges oder irreführendes Wort gesprochen habe, schreite man ein. Weshalb? Weil er einen anderen, der Fraktionsmehrheit unbequemen politischen Standpunkt verfechte.

H e i n e wirft ein, er habe seine Indiskretionen aus der Fraktion nur in Abwehr gegen Liebknechts Mitteilungen begangen.

L i e b k n e c h t erwidert, in solcher Abwehr habe e r sich befunden; Heines ausländischer Artikel sei eine Polemik gegen seine Abstimmungsbegründung, die von Rechts wegen in den stenographischen Reichstagsbericht gehörte und nur durch einen Willkürakt des Präsidenten unterdrückt sei; von Mitteilungen sei hier gar keine Rede gewesen.

L e d e b o u r meint, die Separatabstimmung Liebknechts sei ein politischer Fehler gewesen; sie verwische die Spur und treibe zur

Scheidung der Geister auf einer falschen Linie. Liebknecht entgegnete, wer dem Zusammenarbeiten mit einer Gruppe von Anhängern der Kreditbewilligung das Wort rede, solle diesen Vorwurf am wenigsten erheben; solche Duldsamkeit nach rechts gebe ihm Anspruch auf Duldsamkeit nach links; nicht er verwische die Spur, viel eher, wer, obwohl sachlich im Wesentlichen der gleichen Auffassung, seine Polemik dennoch hauptsächlich gegen ihn kehre; Aufrüttelung und Klärung sei heute vonnöten, nicht Sammlung auf irgendeiner mittleren Linie.

Heine und andere werfen Liebknecht fanatischen Hass gegen Deutschland vor; er gefährde die Interessen Deutschlands durch seine Angriffe gegen die Regierung.

Liebknecht weist diese aus beschränktem Nationalismus geborenen Insinuationen weit von sich. Seit wann sei Burgfriedens-Knechtseligkeit Programmpflicht der Sozialdemokratie? Seit wann habe man vergessen, dass die Fähigkeit eines Volkes, Opposition zu treiben und zu ertragen, d.h. frei zu sein und zu handeln, kein Zeichen der Schwäche, sondern der Stärke, der Selbstständigkeit und Unabhängigkeit ist? Eine Hörigen- und Leibeigenpolitik des Duckens, eine Kasernenhofpolitik des Strammstehens, eine Untertanenpolitik des Maulhaltens und Parierens könne nur den Feinden der Arbeiterklasse und jedes politischen Fortschritts erwünscht und dienlich sein.

Die Bewilligung der Kriegskredite verletze das Interesse des deutschen und des internationalen Proletariats tödlich. Eine Politik der proletarischen Opposition, eine Politik des internationalen Klassenkampfes gegen den Krieg sei geboten. Die Sozialdemokratie habe nicht auf Verschärfung, sondern auf internationale Abschwächung des Krieges, nicht auf völlige »Niederwerfung« der »Feinde« – d.h. auf einen Frieden der Vergewaltigung und Eroberung im Sinne des Imperialismus –, sondern auf einen Frieden ohne Eroberung und Demütigung der Beteiligten, d.h. auf einen Frieden im sozialistischen Sinne, hinzuwirken. Diese proletarische Klassenkampfpolitik sei selbst bei momentaner praktischer Aussichtslosigkeit geboten, da die Sozialdemokratie unter allen Umständen auch gegen eine kompakte und gewalttätige Übermacht ihre eigenen politischen Ziele zu verfolgen habe – in weitausschauender Erkenntnis der proletarischen Zukunftsinteressen, im Bewusstsein der Pflicht, sich selbst auch in schwersten Zeiten treu zu bleiben, und im Bewusstsein des Vertrauens und der gewaltig wirkenden Kraft, die der Partei aus unverbrüchlicher Programmtreue und unerschütterlicher Festigkeit schließlich, alle Opfer hundertfältig lohnend, erwachsen werde. Die Sozialdemokratie und nur die Sozialdemokratie könne international sprechen, internationale Politik treiben, und die deutsche Sozialdemokratie besitze die Legitimation, im Namen auch des Proletariats der anderen kriegführenden Staaten zu reden, wenn sie nur international und sozialistisch rede und handle. Nur ein Friede, der unter solcher Einwirkung der Internationale zustande komme, trage die Gewähr der Dauer in sich. Nur die Verknüpfung der Interessen der Völker, nur die Macht der internationalen sozialistischen Brüderlichkeit vermag den künftigen Frieden zu sichern, während jeder imperialistisch gesicherte Friede, jeder Friede unter Vergewaltigung irgendeines Volkes, mag er auch auf die stärkste militaristische Übermacht gestützt sein, ein fauler Friede sein wird, aus dem schwere innere und äußere Gefahren, verschärftes Wettrüsten und neue kriegerische Konflikte hervorgehen. Schon regt sich diese politische Auffassung nicht nur in Russland und Serbien, sondern auch in England und Frankreich: Die Politik des internationalen Klassenkampfes gegen den Krieg marschiert; sie ist möglich; sie ist notwendig im Interesse auch des deutschen Proletariats. Nicht er, Liebknecht, gefährde dieses Interesse, sondern die Parteiimperialisten mit ihrer genugsam gekennzeichneten kurzsichtigen und unsozialistischen Parole des »Durchhaltens« bis zum vollen Siege.

Diese Parole bedeute als Prinzip: Anerkennung des imperialistischen Kriegszieles und der Mittel und Wege zu diesem Ziel. Sie bedeute dem Erfolge nach entweder: »durchhalten« bis zur Verwirklichung der Annexionspläne oder: »durchhalten« bis zum Weißbluten – beides gleich verhängnisvoll. Sie bedeute die Zerfleischung und Schädigung des Proletariats, statt seine Vereinigung und Förderung zur Aufgabe des internationalen Sozialismus zu erheben. Sie habe vielleicht mehr Aussicht, sich durchzusetzen, als die Politik der Opposition gegen den Krieg. Aber diese Aussicht sei nur für den Imperialismus erfreulich. Möge die Politik der Opposition selbst aussichtslos sein – sie sei Pflicht und könne im sozialistischen Sinne jedenfalls nur nützen, nicht schaden: nur nützen während des Krieges und nach dem Kriege. Wegen Aussichtslosigkeit einer an sich richtigen Politik das aussichtsreiche Gegenteil dieser Politik treiben, heiße grundsatzlosen Opportunismus dialektisch in grundsätzlichen Inopportunismus umkehren.

Zur Disziplinfrage bemerkt Liebknecht etwa: »Keine Körperschaft kann außerhalb ihrer sachlichen Zuständigkeit wirksame Beschlüsse fassen. Der Fraktionsvorstand kann nicht über die Geschäfte des Parteivorstandes entscheiden und die Fraktion nicht über die des Parteitages. Das heißt: Die Fraktion hat das Parteistatut zu respektieren. Keine Körperschaft kann auch innerhalb ihrer sachlichen Zuständigkeit wirksame Beschlüsse fassen, deren Inhalt dem Willen der Gesamtpartei widerspricht. Das heißt: Die Fraktion hat das Parteiprogramm und die Beschlüsse der Parteitage zu respektieren. Genauso zu respektieren wie jeder Wahlvereinsvorstand. Jeder Verstoß dagegen ist ein Verstoß gegen die Parteidisziplin und raubt dem Beschluss die bindende Kraft. Eine disziplinbrechende Mehrheit kann die disziplintreue Minderheit nicht zur Teilnahme am Disziplinbruch, zur Verletzung des Parteistatuts oder des Parteiprogramms zwingen.

Das ist nicht theoretische Haarspalterei, sondern praktische Lebendigkeit. In der Erfurter Resolution von 1891 gegen die ›Jungen‹ wird die Beachtung von ›Anordnungen der Parteiorgane‹ nur vorgeschrieben, ›solange diese innerhalb der ihnen zugewiesenen Befugnisse handeln‹.

Als in den süddeutschen Landtagsfraktionen die Mehrheit entgegen dem Parteitagsbeschluss das Budget bewilligte, und die Minderheit entgegen dem Fraktionsbeschluss das Budget verweigerte, zog der Parteitag die Disziplinbrecher zur Verantwortung. Aber wer saß in Nürnberg, in Magdeburg auf der Anklagebank? Nicht die Fraktionsminderheit, die auf die Fraktionsdisziplin gepfiffen hatte, vielmehr die Fraktionsmehrheit, die auf die Parteidisziplin getrommelt hatte.

Und was für die Landtagsfraktion billig ist, muss für die Reichstagsfraktion recht sein. Beide sind mit der gleichen Elle zu messen. Auch das ist keine absurde Sondermeinung eines absurden ›Quertreibers‹ und ›Herostraten‹. Als am 1. Dezember Regierung und bürgerliche Parteien, angestachelt durch einen ähnlichen Erfolg vom 3./4. August v. J., mehrere Änderungen der Erklärung forderten, und als sich eine große Zahl von Fraktionsmitgliedern eifrig und beflissen diesem Verlangen beugten, rissen bekanntlich einige Dutzend vorher gar elastischer Geduldsfäden. Ein erklecklicher Teil der Fraktion beschloss feierlich, diesen Kotau nicht mitzumachen und, falls ihn die Fraktionsmehrheit doch vollziehe, im Plenum ein Minderheitsvotum abzugeben.

Und wie, wenn die Mehrheit der Reichstagsfraktion im März das Budget bewilligen, d.h. nicht nur den Geist, sondern auch den klaren Wortlaut von fast einem halben Dutzend Parteitagsbeschlüssen gröblich verhöhnen will? Hat sich dann nicht jeder Genosse, der sich nicht selbst außerhalb der Partei stellen will, in aller Öffentlichkeit gegen die Mehrheit zu wenden, die die Parteidisziplin zerbricht, die Partei zerstört? Wird dann nicht die Fraktionsminderheit die Parteidisziplin öffentlich gegen die Fraktionsmehrheit verteidigen m ü s s e n?

Allerdings, die Fraktionsmehrheit hat am 30. November den Antrag auf ausdrückliche Gestattung des öffentlichen Minderheitsvotums verworfen. Immerhin regte sich das Bedürfnis, diesen Fraktionsbeschluss durch einen Parteibeschluss zu decken. Man berief sich auf einen >Beschluss< des Gothaer Parteitages von 1876, der geschlossene Fraktionsabstimmung für das Plenum vorschreibe. Das schlug in der Fraktion durch – und doch gründlich daneben. Denn jener Beschluss existiert nicht. Ein Antrag dieses Sinnes hatte freilich dem Parteitag vor 38 Jahren vorgelegen; er war sogar von demselben Fraktionsmitglied gestellt und begründet, das jetzt den >Beschluss< ausgrub; er war aber so wenig angenommen, dass er geradewegs abgelehnt war, weil >durch die Fraktionsabstimmungen die persönliche Überzeugung der Abgeordneten verwischt werde<.

Die bürgerliche Presse, unter deren sanften Fittichen die reformistischen Disziplinbrecher der Vergangenheit gehegt und vor der radikalen >Disziplinreiterei< behütet wurden, fiel mit gesträubtem Gefieder und schrillem Geschnatter über den radikalen Disziplinbrecher her. Das Protektorat, das gewisse bürgerliche Zeitungen bei der Entwicklung der jetzigen revisionistischen Parteiherrschaft übernommen hatten, fand seinen beredten und berechtigten Ausdruck in der Forderung des >Berliner Tageblattes< *e tutti quanti*, den Sündenbock schleunigst aus dem Paradies der Sozialdemokratischen Partei, in dem die Regierungssonne nicht untergeht, zu verjagen. Eigentlich eine Kraftvergeudung, da von derselben Presse die Sünde des Sündenbocks gleichzeitig der Lächerlichkeit anempfohlen wurde, die bekanntlich am sichersten tötet. Soll etwa diese >authentische Deklaration< der sozialdemokratischen Parteipflichten den Beweis des Disziplinbruches erbringen? Oder das Anathema des Fraktionsvorstandes, der am 2. Dezember mit erhabener Jupitergebärde seinen Fluch und Bann hinter mir her donnerte, – natürlich ohne mich zu hören; und der Mit- und Nachwelt schwur, dass die Verweigerung der Kriegskredite einen alten Brauch der deutschen Sozialdemokratie schnöde verletzt habe?

Auch mit dem angeblichen Präzedenzfall Rittinghausen haben, wie heute jeder weiß, die plötzlichen Gralshüter der Fraktionsdisziplin kein Glück, von denen gar mancher auf dem Nürnberger und Magdeburger Parteitag von der Parteidisziplin eine höchst mäßige Achtung bekundet hatte.

Aber selbst wenn der Fall Rittinghausen bewiese, was er nicht beweist, und selbst wenn jener Gothaer Beschluss so sicher bestände, wie er nicht besteht, kein Jota würde an dem prinzipiellen Satz geändert: Parteidisziplin über Fraktionsdisziplin! Und daran, dass die Fraktion nimmermehr Gehorsam für Fraktionsbeschlüsse heischen kann, die dem Willen und Wesen der Partei widersprechen.

So stellt sich die Frage des verschrienen >Disziplinbruchs<, und nur so:

Ist die Bewilligung der Kriegskredite mit dem Parteiprogramm, mit den Beschlüssen der Parteitage und internationalen Kongresse vereinbar oder nicht? Ist sie es nicht, so hat die Fraktionsmehrheit die Parteidisziplin gebrochen, und ihr Beschluss entbehrte schlechthin der Wirksamkeit. Dass sie es nicht ist, habe ich am 30. November gezeigt. Damit ist die ganze Frage für mich erledigt.

Wenn ich mich am 4. August schließlich der Fraktionsmehrheit fügte, so nur unter schwersten Gewissenskonflikten. Damals standen wir plötzlich, im letzten Moment (die Fraktion trat ja erst am 3. August zusammen), vor der unerwarteten Tatsache einer Zersprengung, ja Atomisierung des Radikalismus. Jeder Versuch, wenigstens ein kleines Häuflein zu einer Minderheitsaktion zu gewinnen, scheiterte; die Minderheit war aktionsunfähig. Haase, ein Vertreter der Minderheit, verlas die ihm widerstrebende Erklärung der Fraktionsmehrheit im Plenum. Über die weitere Politik der Partei während des Krieges war ich trotz alledem in optimistischer Täuschung befangen; scharfe Konflikte zwischen ihr und der Staatsgewalt schienen mir unvermeidlich. Wenn ich mich darum nicht entschloss, schon damals im Plenum ganz allein meines Weges zu gehen – die traurige Ausflucht des Hinauslaufens kam natürlich nicht in Frage –, so hat das niemand mehr und niemand eher beklagt als ich selbst. Ich gebe meine Haltung vom 4. August gern preis, wie ich sie überall sofort nach dem 4. August preisgegeben habe. Am 2. Dezember lagen die Verhältnisse in vielen Beziehungen anders; längst waren alle Illusionen fortgeblasen. Jetzt handelt es sich um den 2. Dezember.

Wer sitzt über mich zu Gericht? Dort die süddeutschen Budgetbewilliger und ihre Freunde, heute wohl die Mehrheit der Fraktion, dort die 20 bis 30 Genossen, die nach Edmund Fischers Zeugnis am 4. August zum Disziplinbruch gegen einen Kreditverweigerungsbeschluss der Fraktion bereit waren – darunter sicherlich die lautesten Disziplinbruchschreier von heute; dort die anderen 20 bis 30 Genossen, die am 1. Dezember 1914 feierlich gelobt und beschlossen hatten, gegen einen etwaigen Fraktionsbeschluss auf Abänderung der Fraktionserklärung in öffentlicher Sitzung aufzutreten! O weise, o gerechte Richter! Die Kennzeichnung eines Fraktionsbeschlusses, der mich rügen sollte, hat Genosse Edmund Fischer vorweggenommen; ich versage mir die Wiederholung und versichere, dass ich auch künftig unbeirrt meine Haltung nach meinem Gewissen und nach meiner Überzeugung, nach meiner Auffassung des Programms und der Kongressbeschlüsse einrichten werde.«

Von keiner Seite wurde bestritten, von verschiedenen Rednern wurde als selbstverständlich bezeichnet, dass der Fraktionsdisziplin durch den Willen der Gesamtpartei Grenzen gesetzt sind.

Der Antrag Legien wurde zurückgezogen, nachdem Richard Fischer erklärt hatte, die zu erwartende Ablehnung dieses unzulässigen Antrages werde von Liebknecht als Vertrauensvotum der Fraktion ausgenutzt werden.

Ein Antrag Liebknechts, die Abstimmung über den dritten Absatz des Antrages Frohme (betreffend irreführende Mitteilungen) bis zur gründlichen Klärung zurückzustellen, da er in Wahrheit keinen Buchstaben einer irreführenden Mitteilung in das Ausland oder Inland habe gelangen lassen, wurde mit 53 gegen 42 Stimmen abgelehnt.

Ergebnis der Abstimmung über die Anträge

1. Zum Antrag des Fraktionsvorstandes:

Amendement Bernstein abgelehnt gegen 7 Stimmen; Amendement Stadthagen abgelehnt gegen 17 Stimmen; erster Absatz des Hauptantrages mit 92 gegen 4 Stimmen angenommen. Nach Ablehnung auch des Amendements Ledebour zum zweiten Absatz wird der gesamte Hauptantrag mit 93 gegen 4 Stimmen angenommen.

Stadthagen erklärt, er habe gegen den Vorstandsantrag gestimmt, weil die selbstverständliche und in der Debatte von den Rednern auch allgemein anerkannte Voraussetzung, dass Fraktionsbeschlüsse dem Programm usw. entsprechen müssen, nicht ausdrücklich in den Antrag aufgenommen sei.

2. Zum Antrag Frohme:

1. Absatz mit 82 gegen 15 Stimmen angenommen;
2. Absatz mit 58 gegen 33 Stimmen angenommen;
3. Absatz mit 51 gegen 39 Stimmen angenommen;
Amendement Bernstein mit 20 gegen 68 Stimmen abgelehnt;
4. Absatz mit 82 gegen 7 Stimmen angenommen;
der ganze Antrag mit 65 gegen 26 Stimmen angenommen.

Nach diesem Tutti aller Disziplinpauken und diesem Tusch aller patriotischen Trompeten folgte das Finale des Falles Weill; – *pianissimo* – fast *adagio* – betretenes Schweigen – man schien zu fühlen, dass der Fall Weill vom nationalistischen Gesichtspunkte wenigstens nicht viel mehr als eine elsass-lothringische Konsequenz des Falles Frank ist – das Gerippe im Hause der Kreditbewilligungsmehrheit.

Im »Vorwärts« vom 4. Februar 1915 erschien Folgendes:

Berlin, den 3. Februar 1915

Werte Genossen!

Gegenüber dem in Ihrer heutigen Nummer veröffentlichten Fraktionsbeschluss bemerke ich:

1. Ich habe gegen die Kriegskredite gestimmt, weil die Bewilligung der Kriegskredite nach meiner Überzeugung nicht nur den Interessen des Proletariats, sondern auch dem Parteiprogramm und den Beschlüssen internationaler Kongresse schroff widerspricht, und weil die Fraktion nicht berechtigt ist, einen Verstoß gegen Programm und Parteibeschluss vorzuschreiben.

Ich habe diesen meinen Standpunkt dem Fraktionsvorstand in einem Briefe vom 3. Dezember v. J. dargelegt.

2. Irreführende Mitteilungen über Parteivorgänge habe ich nicht verbreitet. Die Fraktion, die zur Fassung eines Beschlusses über diesen Punkt gar nicht zuständig war, hat meinen Antrag, die Entscheidung hierüber bis zu einer gründlichen Aufklärung über allerhand Behauptungen auszusetzen, abgelehnt.

Ich bitte um Veröffentlichung dieser Zeilen.

Mit Parteigruß

Ihr

(gez.) Karl Liebknecht

***

In der Fraktionssitzung vom 4. Februar 1915 ergreift David vor Eintritt in die Tagesordnung das Wort, um in heftigen Worten gegen die vorstehende Erklärung Liebknechts zu polemisieren. Er beantragt, zu beschließen:

Die Fraktion weist die Behauptung, dass die Bewilligung der Kriegskredite den Interessen des Proletariats, dem Parteiprogramm und den Beschlüssen der internationalen Kongresse widerspricht, mit aller Entschiedenheit zurück.

Was die Verbreitung irreführender Mitteilungen an das Ausland durch Genossen Liebknecht betrifft, so wurde mehr als genug festgestellt, um den Beschluss der Fraktion zu rechtfertigen.

Stadthagen beantragt für den Fall der Annahme des Antrages David, ausdrücklich zu erklären, dass die Fraktion damit die süddeutschen Mehrheitsbeschlüsse auf Budgetbewilligung keineswegs im Gegensatz zu den Parteitagsbeschlüssen rechtfertigen wolle.

In der Debatte bringt Legien nochmals die »Sonderkonferenz« eines Teiles der Fraktion zur Sprache, die am 1. Dezember 1914 auf Hochs Veranlassung zusammentrat und für den Fall einer Änderung der Fraktionserklärung die Abgabe eines Minderheitsvotums beschloss. In der anschließenden Erörterung macht Edmund Fischer kein Hehl daraus, dass auch er schon an Fraktions-Sonderkonferenzen (d.h. des rechten Flügels der Fraktion) teilgenommen hat.

Haase betont das gute Recht jedes Genossen, sich gegen Beschlüsse der Parteiorgane zu verwahren, und zeigt, dass es auch einer ständigen Übung der Partei entspricht.

Liebknecht hebt hervor, dass die Entscheidung darüber, ob er einen Disziplinbruch begangen habe, ganz offensichtlich formal davon abhängt, ob die Kreditbewilligung dem Programm und den sonstigen Äußerungen des Gesamtparteiwillens widerstreitet oder nicht; so habe er die Programmwidrigkeit des Fraktionsbeschlusses notwendig feststellen müssen. Seine Erklärung sei wohl berechtigt. Die Fraktion sei nicht sakrosankt. Sie der Kritik entziehen wollen, heiße die Lehre vom beschränkten Untertanenverstand und den Despotismus der Fraktion proklamieren, ein untauglicher und grotesker Versuch.

Abstimmung über den Antrag David

1. Absatz mit 53 gegen 20 Stimmen angenommen;
2. Absatz mit 45 gegen 26 Stimmen angenommen;
der ganze Antrag mit 52 gegen 21 Stimmen angenommen;
der Zusatzantrag Stadthagen gegen 13 Stimmen abgelehnt.

***

Genosse Liebknecht richtete darnach an die Redaktionen mehrerer Parteiblätter folgendes Schreiben:

Berlin, den 5. Februar 1915

Werte Genossen!

Gegenüber dem gestrigen Fraktionsbeschluss, in dem sich die Fraktion die Richtigkeit ihres Beschlusses vom 2. Februar bestätigt, folgende Bemerkungen:

1. Zur Programmfrage:

Zur Erledigung von Meinungsdifferenzen ist ein »Zurückweisen« der anderen Meinung trotz »aller Entschiedenheit« gänzlich ungeeignet; dazu bedarf es sachlicher Erörterung.

2. Nur zwei »Mitteilungen«, deren Wiedergabe im Auslande auf mich zurückgeht, wurden in der Fraktion erwähnt. Bei beiden Mitteilungen war geradezu unstreitig, dass sie vollkommen richtig waren. Allgemeine und völlig unsubstantiierte Behauptungen, die darüber hinaus in unfassbaren Redewendungen auftauchten, entsprachen zwar einem in gewissen Partei- und Gewerkschaftsstreiken systematisch gegen mich verbreiteten Klatsch, keineswegs aber der Wahrheit. Dem Klatsch auf den Grund zu gehen, lehnt die Fraktion, freilich gegen eine sehr erhebliche Minderheit, ab. Der Klatsch war ihr schon »mehr als genug« Beweis. Gar manchen dürfte darnach, so wie mir, der Fraktionsbeschluss »mehr als genug« sein.

Ich bitte bei dieser Gelegenheit darauf hinweisen dürfen, dass die Frankfurter »Volksstimme« einen Bericht über die Vorgänge in der Fraktionssitzung vom 2. dieses Monats bringt, der nicht nur »irreführend« ist, sondern von groben Unrichtigkeiten strotzt. Darauf komme ich noch zurück.

Ich bitte um Abdruck dieser Zeilen.

Mit Parteigruß

Ihr
(gez.) Karl Liebknecht

***

Abstimmungen zum Fall Ledebour

Am 3. Februar 1915 wurde vom Antrag Thöne Absatz 1 (der die Vorwürfe Ledebours gegen den Fraktionsvorstand als unbegründet erklärt) mit 70 gegen 7 Stimmen, Absatz 2 (der Ledebours Vorgehen aufs Schärfste verurteilt) mit 47 gegen 36 Stimmen, der ganze Antrag mit 57 gegen 25 Stimmen angenommen.

Nach der Abstimmung erklärt Hoch für sich und andere, nicht für den Gesamtantrag gestimmt zu haben, weil nicht widerlegt sei, dass Ledebour bei seinen allerdings unbewiesenen Angriffen in gutem Glauben gehandelt habe.

Der Antrag Ledebour, der die Pflichten des Fraktionsvorstandes zu formulieren suchte, fand mit 35 gegen 32 Stimmen Ablehnung. Zu dieser Abstimmung erfolgten mehrere Motivierungen.

Am 4. Februar wurde mit 45 gegen 36 Stimmen die Publikation des Beschlusses gegen Ledebour beschlossen.

Ein Antrag Stadthagens, nunmehr auch die Veröffentlichung der gegen Südekum ergangenen Beschlüsse des Partei- und des Fraktionsvorstandes zu beschließen, fiel mit 30 gegen 39 Stimmen.

Bei der Neuwahl zum Fraktionsvorstand an Stelle Ledebours wurde Hoch mit einigen Stimmen Mehrheit gegen das Mitglied der Generalkommission Robert Schmidt gewählt.

Den Schluss der Beratungen bildete die Friedensfrage; die Fraktion beschloss hierzu strengste Geheimhaltung.

Der »Vorwärts« vom 5. Februar berichtete darüber parteioffiziös:

»Die Fraktion hat sich gestern in eingehender Weise mit der Frage des Friedens beschäftigt.«

Hat der kreißende Berg auch nur ein Mäuslein geboren?

Intermezzo

Anfang Februar 1915 – unmittelbar nach den Fraktionssitzungen – wurde Liebknecht militärisch eingezogen; er erhielt zwar sofort Urlaub für die Sitzungen des Abgeordnetenhauses und Reichstages, aber mit dem ausdrücklichen Verbot, an Versammlungen teilzunehmen, Propaganda zu treiben und Berlin zu verlassen.

Am 18. Februar erfolgte die Verhaftung der Genossin Luxemburg und ihr Transport per grünem Wagen ins Weibergefängnis Barnimstraße.

Glossen zur Fraktionsdisziplin

Die Ablehnung des Antrages Ledebour vom 2. Februar ergibt, dass es zwar den Fraktionsmitgliedern verboten sein soll, ihre abweichende Meinung öffentlich zu zeigen, dass es ihnen aber erlaubt ist, durch abweichende Handlungen einen Fraktionsbeschluss zu Fall zu bringen. Die Tendenz des 2. Absatzes des Vorstandsantrages, auf den Schein der Einmütigkeit entscheidendes Gewicht zu legen und der Öffentlichkeit Einhelligkeit der Fraktion vorzuspiegeln, auch wo sie nicht besteht, offenbart sich in diesem Recht auf heimliche Sünde am drastischsten.

Überaus erheiternd wirkt die Umkehrung der Rollen, die sich genau 7 Mal 24 Stunden nach dem 2. Februar 1915 vollzog. Diesmal waren es die begeisterten Anhänger der Reichstagsfraktionsmehrheit (»Hamburger Echo«, Frankfurter »Volksstimme«, Haenisch usw.), die allem »Parteiburgfrieden« zum Trotz wütend Storm liefen gegen die – Mehrheit der preußischen Landtagsfraktion, weil sie sich erdreistet hatte, ein wenig Oppositions- und Friedenspolitik zu treiben; diesmal war es die Mehrheit der preußischen Landtagsfraktion, die von jenen Auguren der Fraktionsdisziplin des Disziplinbruchs geziehen wurde; Disziplinbruch nicht wegen Verletzung von Parteitagsbeschlüssen oder Programmlehren, sondern wegen Unbotmäßigkeit gegen – die Mehrheit der Reichstagsfraktion. Jubelt, Genossen! »Habemus Papam!« Wir haben einen neuen Papst!

Auch in der Sitzung der preußischen Landtagsfraktion vom 23. Februar 1915 zeigten sich die Früchte des glorreichen Kesseltreibens gegen die Quertreiber. Hue (natürlich unter weidlicher Entrüstung über den Disziplinbruch Liebknechts), Haenisch und mit einer

Variation auch Leinert drohten, öffentlich im Plenum gegen Ströbel zu polemisieren, wenn ihm die Fraktionsmehrheit gestattete, gewisse Ausführungen über den Frieden nicht nur – wie Hue und Haenisch verlangten – ausdrücklich im Namen eines Teiles der Fraktion, sondern im Namen der Fraktion zu machen. Diese Drohung verhinderte die Rede Ströbels.

Aus der Sitzung der preußischen Landtagsfraktion vom Februar 1915 (nach persönlichen Erkundigungen zusammengestellt)

Am 8. Februar 1915 fand eine Sitzung der preußischen Landtagsfraktion statt, um über die am 9. Februar bei der ersten Etatlesung vorzutragende Erklärung zu entscheiden.

Haenisch legte folgenden Entwurf vor, den er auf Veranlassung des Fraktionsvorsitzenden Hirsch verfertigt hatte:

»Die sozialdemokratische Fraktion erkennt in dieser ernsten Zeit die feste Geschlossenheit der Nation nach außen hin als unbedingtes Erfordernis an; sie verzichtet deshalb darauf, in diesem Augenblick Erörterungen allgemeinpolitischer und parteipolemischer Natur herbeizuführen. Die vielfachen Wünsche und Beschwerden, zum Teil sehr dringender Art, die sie auch in diesem Jahre wieder zu erheben hat, wird sie in der Budgetkommission und, soweit es dann noch erforderlich ist, auch in der zweiten Lesung des Etats im Plenum zur Sprache bringen. Besonders wird sie in der Budgetkommission auf Abstellung der zahlreichen Mängel dringen, die sich auf dem Gebiete der Kriegsfürsorge, der Versorgung des Volkes mit Lebensmitteln und auf dem Felde der Sozialpolitik gezeigt haben.

Die sozialdemokratische Fraktion kann es aber nicht unterlassen, schon heute und von dieser Stelle aus der entschiedenen Forderung Ausdruck zu geben, dass die Regierung nicht zögern wird, alsbald nach dem Abschluss des Krieges aus der durch den Krieg geschaffenen Situation die unumgänglichen und innerpolitischen Konsequenzen zu ziehen. Wir erwarten auf das Bestimmteste eine Umkehr der Regierung in ihrer Dänen- und Polenpolitik und nicht zum wenigsten auch in ihrer Politik gegenüber der Arbeiterklasse. Wir verlangen, dass auch nach dem Kriege der Polizeikampf gegen die Arbeiterbewe-

gung im Allgemeinem, vornehmlich auch der Kampf gegen die Gewerkschaften und gegen die freie Jugendbewegung, nicht wieder erneuert werden wird.

Die Grundlage aller politischen Reformen nach dem Kriege aber wird die E i n f ü h r u n g   d e s   a l l g e m e i n e n ,   g l e i c h e n ,   g e h e i m e n   u n d   d i r e k t e n *W a h l r e c h t s   i n   P r e u ß e n   b i l d e n   m ü s s e n . Dem Volke, das in beispielloser Einmütigkeit in diesen Tagen die schwersten Opfer an Gut und Blut für das Vaterland bringt, darf künftighin die volle politische Gleichberechtigung nicht mehr vorenthalten werden.*

In dieser Erwartung stimmt die sozialdemokratische Fraktion der debattelosen Überweisung des Etats und der mit ihm in Verbindung stehenden Gesetzesentwürfe an die verstärkte Budgetkommission zu.«

Dieser Entwurf wurde von Hofer, Liebknecht und Ströbel grundsätzlich bekämpft.[8] Auf Antrag Liebknechts wurden drei Genossen (Haenisch, Hirsch, Liebknecht) mit der Ausarbeitung eines anderen Entwurfes betraut. L i e b k n e c h t arbeitete den folgenden Entwurf aus:

»Die Klassengegensätze bestehen in alter Schärfe fort. Die Verfassung des preußischen Staates, die die politische Rechtlosigkeit der breiten Volksmassen zum System erhoben hat, ist nicht geändert.

Am 22. Oktober v. J. sprachen wir unser Bedauern aus, dass nicht einmal in diesen Tagen, da das ganze Volk und vor allem die breiten Massen der Bevölkerung die schwersten Opfer an Gut und Blut bringen, sich die Regierung bewogen gefühlt hat, das Dreiklassenwahlsystem durch das allgemeine, gleiche, geheime und direkte Wahlrecht zu ersetzen, das von den Massen des preußischen und des deutschen Volkes seit Langem in nachdrücklichster Weise gefordert wird. Die Regierung hat den 22. Oktober vorübergehen lassen, ohne auch nur ein Wort des Entgegenkommens zu sprechen. Inzwischen sind mehr als weitere drei Monate der schwersten Opfer des gesamten Volkes verstrichen, der dringend erforderliche Wahlrechtsreformentwurf ist nicht vorgelegt, ja nicht einmal angekündigt worden. Wir fordern nachdrücklich, dass die Regierung wenigstens in der jetzigen Tagung ihrer Pflicht zur Erfüllung dieser dringendsten Aufgabe der inneren Politik Deutschlands nachkommen wird.

Die preußische Staatsverwaltung befindet sich nach wie vor unter der Herrschaft von Klassen, die den Bedürfnissen und Forderungen der Volksmassen

---

8   Adolph Hoffmann lag vom 1. Januar bis Ende März 1915 infolge einer schweren Operation im Rudolf-Virchow-Krankenhaus. (Anmerkung des Herausgebers).

ablehnend gegenüberstehen. Zum Schaden des ganzen deutschen Volkes hat sich diese Herrschaft auch in der jetzigen schweren Zeit geltend gemacht.

Die Praxis der preußischen Verwaltung fordert auch heute zu ernstesten Angriffen heraus. Die durch die Kriegsnotwendigkeiten der Regierung aufgezwungene Preisgabe mancher bislang üblichen kleinlichen Maßregeln des Tageskampfes haben umso geringere Bedeutung, als ihnen eine große Zahl neuer, durch den Belagerungszustand ermöglichter Eingriffe in die politische und soziale Bewegungsfreiheit gegenüberstehen. Der Belagerungszustand, der auf einer mindestens sehr zweifelhaften Rechtslage beruht, hat zur fast völligen Unterbindung der freien Meinungsäußerung geführt. Die an sich schon ganz unzureichende Vereins-, Presse- und Versammlungsfreiheit ist aufgehoben. Die Pressezensur fordert den schärfsten Widerspruch heraus; sie wird systematisch benutzt, um die Propagierung politischer und sozialer Auffassungen zu verhindern, die der Regierung und den herrschenden Klassen nicht genehm sind. Während die Klassengegensätze, die politische und soziale Entrechtung und Ausbeutung in aller Schärfe andauern, wird jede energische und unzweideutige Vertretung der Interessen der Volksmassen behördlich unterbunden. Der dem preußischen Volke aufgezwungene Burgfriede ist so nichts anderes als ein Ausnahmezustand gegen die Arbeiterklasse und alle sonstigen oppositionellen Elemente, die Proklamation der Diktatur der herrschenden Gewalten über das preußische Volk.

Jedes scheinbare Entgegenkommen der Regierung ist eingegeben von dem Bestreben und der Hoffnung, die Arbeiterklasse und ihre Organisation ihren geschichtlichen Aufgaben abspenstig zu machen und sie für die gegenwärtigen und künftigen Kämpfe zu schwächen.

In der Polen- und Dänenpolitik hat die Regierung ihren Standpunkt gleichfalls nicht geändert. Die polizeimäßige Unterdrückung nationaler Minderheiten ist, trotz aller Völkerbefreiungsziele, die sich die Kriegführung Deutschlands in den feindlichen Ländern angeblich stellt, das von ihr auch heute noch vertretene Prinzip.

Auch in den wirtschaftlichen Fragen hat die Regierung versagt. Wir vermögen in den Maßregeln, die zur Förderung des Kriegszweckes gegen die durch den Krieg herbeigeführte Volksnot ergriffen sind, keine Zugeständnisse von dauerndem Wert zu erblicken, so wichtig sie für die jetzige Zeit auch immer sind. Daraus, dass die Maßregeln zum größten Teil erst jetzt, viel zu spät, ergriffen worden sind, erkennen wir erneut den volksschädlichen Einfluss gewisser Kreise, die selbst in diesen Tagen ihre Interessen über die Interessen des Volksganzen stellen.

Wir müssen nach alledem der preußischen Regierung unser Vertrauen auch heute versagen. Die verflossenen Kriegsmonate haben unsere seit je vertretene Auffassung bestätigt, dass die Arbeiterklasse nur durch energische Vertretung ihrer politischen und wirtschaftlichen Interessen im rastlosen Kampfe ihr Heil auch für die Zukunft erwarten darf.

Wir werden die zahlreichen Beschwerden, die wir im Einzelnen vorzubringen haben, in der Kommission und demnächst bei der zweiten und dritten Lesung erheben und mündlich begründen.

Am 22. Oktober v. J. sprachen wir die Hoffnung und den heißen Wunsch aus, dass der entsetzliche Krieg, im dem sich die Völker verbluten, ein baldiges Ende finden möge; diese Hoffnung hat sich zu unserer Trauer noch nicht erfüllt. Wir wissen aber, dass dieser Krieg in keinem der beteiligten Länder vom Volke gewollt ist; dass seine Beendigung überall vom Volke ersehnt wird. Wir hegen die Zuversicht, dass die Friedensstimmen; die sich in allen kriegführenden Ländern erhoben haben, sich allenthalben von Tag zu Tag vermehren und sich bei den maßgebenden Stellen Geltung verschaffen, und dass unter dem Einfluss des Friedenswillens der Arbeiterklasse aller Länder ein baldiger Friede zum Heile der Menschheit zustande kommen möge.

Der Überweisung des Etats usw. an die Kommission stimmen wir zu.«

Die Kommission vermochte sich nicht zu einigen.

Der wieder zusammengetretenen Fraktion lagen die Entwürfe Haenischs und Liebknechts vor. Nach längerer Debatte beschloss sie mit fünf gegen vier Stimmen, den ersteren ihrer Beratung zugrunde zu legen. Durch Streichung der am meisten beanstandeten Teile dieses Entwurfes und Übernahme wesentlicher Teile des Gegenentwurfes kam dann die bekannte Form zustande.

Für diese Fassung stimmten Hirsch, Paul Hoffmann, Hofer, Ströbel; dagegen stimmten Haenisch und Leinert; der Abstimmung enthielten sich Braun, Hue und Liebknecht, und zwar Hue, weil er den Friedenspassus nicht wünschte, vielmehr die zweite Lesung für den geeigneten Platz hielt, das Erforderliche über den Frieden zu sagen; Liebknecht, weil er die »imperialistisch gestempelte« Wendung vom sicheren Frieden verwarf.[9]

---

9   Adolph Hoffmann lag noch krank.

Im Parteiausschuss

Am 7. März 1915 tagte der Parteiausschuss. Er billigte mit 35 gegen 5 Stimmen (Antrick, Dißmann, Fleißner, Hennig, Linde) die Bewilligung der Kriegskredite im Reichstag und erklärte mit 30 gegen 10 Stimmen die Bewilligung des Kriegsbudgets trotz der Parteitagsbeschlüsse für zulässig und notwendig.

Sitzungen der Reichstagsfraktion vom März 1915 (nach persönlichen Erkundigungen zusammengestellt)

Am 8. März 1915 trat die Reichstagsfraktion zur Vorbereitung der Tagung zusammen, in der über das Dreizehn-Milliarden-Budget (zehn Milliarden neue Kriegskredite und über eine Milliarde andere Militärausgaben umfassend) zu beraten und zu entscheiden war. Die bürgerlichen Parteien und die Regierung wünschten, dass bei der ersten Etatlesung – abgesehen von der Einbringungsrede des Finanz-Staatssekretärs – nicht gesprochen werde. Diesem Wunsche schloss sich ein Teil der Fraktion an, während die überwältigende Mehrheit, schon unter Hinweis auf die Stimmung der Massen, eine Rede für erforderlich hielt. Nach langer Diskussion wurde gegen 15 bis 20 Stimmen (David, Heine, Südekum usw.) im letzteren Sinne entschieden.

Hochs Anregung, eine Ausscheidung der zehn Milliarden Kriegskredite aus dem Etat zu versuchen, damit die Frage der Budgetbewilligung von der Frage der Kreditbewilligung getrennt werden könne, wurde zurückgezogen, nachdem die Unmöglichkeit einer solchen Ausscheidung an der gesamten Etatgestaltung gezeigt war.

Am 9. März wurde die von Haase zu haltende Etatrede erörtert. In Bezug auf den von Haase geplanten Friedenspassus war die Fraktion in zwei Lager gespalten. Die einen erklärten jede Kundgebung des Friedenswillens für verderblich; die Fraktion habe, so meinten sie, schon zweimal (am 4. August und 2. Dezember 1914) vom Frieden gesprochen, ohne im feindlichen Ausland ein Echo zu finden; allenfalls wollten sie eine Bezugnahme auf diese früheren Worte zugestehen. Dem wurde widersprochen. Mit 57 Stimmen wurde der Haasesche Vorschlag gebilligt. Hoch beantragte, eine Wendung des Sinnes aufzunehmen, dass die Fraktion einstimmig die Pflicht zur Landesverteidigung anerkenne. Dagegen wandte sich Liebknecht; eine solche Bemerkung im Zusammenhang der Fraktionspolitik in der gegenwärtigen Situation und in Bezug auf den jetzigen imperialistischen Krieg erhalte einen politischen Sinn, den er ablehne. Henke, Herzfeld und Liebknecht stimmten gegen den Antrag Hoch, der damit gegenstandslos wurde.

Am 17. März beschäftigte sich die Fraktion zunächst mit der am 18. März von Scheidemann zu haltenden Rede. Von Hoch und anderen wurde eine scharfe Absage an die Annexionspolitik gefordert; sie erblickten in der Rede des Herrenhauspräsidenten von Wedel-Piesdorf vom 15. März einen Vorstoß der Kriegspartei, eine offizielle Proklamation des Eroberungskrieges. Dagegen wurde eingewandt: Wenn der sozialdemokratische Redner gegen Annexionen rede, so würden andere Parteien für Annexionen reden; die Regierung habe den Annexionstreibern die Kandare angelegt; die amtlichen deutschen Kreise wollten keine Annexionen; deren Stellung würde durch das geplante Vorgehen geschwächt; seit dem 2. Dezember habe sich nichts ereignet, was eine veränderte Haltung der Fraktion rechtfertigen könne. Diesen Darlegungen wurde von verschiedenen Seiten entgegengetreten. Scheidemann erklärte sich zu der Bemerkung bereit, dass die Fraktion ihren früheren Standpunkt zur Annexionsfrage festhalte. Simons Antrag, die Rede Wedels ausdrücklich zu erwähnen, wird mit 48 gegen 39 Stimmen abgelehnt.

Haase teilt danach mit, dass Schultz-Bromberg (freikonservativ) bei einer kürzlichen Besprechung der Parteien erklärt hat: es komme gar nicht so darauf an, fortgesetzt die allgemeine Einigkeit zu betonen. Auch die Wirkung der »Einmütigkeit« in der Reichstagssitzung vom 4. August sei ungemein übertrieben worden; diese vielgerühmte Sitzung habe weder im Inland noch im Ausland den großen Eindruck gemacht, von dem man vielfach spreche.

Am 18. März wird zunächst über die Kreditbewilligung verhandelt. Hoch beantragt: in der Budgetkommission zu verlangen, dass die zehn Milliarden Kriegskredite auf fünf Milliarden ermäßigt würden; bewillige der Reichstag jetzt die zehn Milliarden, so schalte er seinen Einfluss bis mindestens zum Herbst aus. Zubeil erklärt sich bereit, für fünf Milliarden, nicht aber für zehn Milliarden zu stimmen. Bernstein beantragt, bei Ablehnung des Antrages Hoch, sich unter Abgabe einer Erklärung der Abstimmung zu enthalten. Wurm warnt die Fraktion, den Bogen zu überspannen; in den Arbeitermassen wachse die Opposition gegen die Fraktionstaktik; es gelte, beim marxistischen Zentrum zu verharren. David wirft Wurm vor, die Ablehnung der Kredite vorzubereiten. Das Vorgehen von Hoch und Wurm wird in einem Zwischenrufe als »unehrlich« bezeichnet. David fährt fort, unsere etwaige Opposition werde die Regierung in die Arme der Scharfmacher treiben. Legien meint, die Taktik Hoch-Wurm sei »aus Konventikeln geschöpft«. Südekum ist nicht nur der Überzeugung, dass ein Vorgehen im Sinne des Antrages Hoch aussichtslos sei, sondern auch, dass die Regierung den Reichstag, wenn er ihr etwa die zehn Milliarden versage, einfach beiseiteschieben und auf eigene Faust wirtschaften werde – im Vertrauen auf künftige Indemnität. Aus dieser Machtlosigkeit des Reichstages folgert Südekum, dass die Sozialdemokratie sich nicht ausschalten lassen dürfe aus der Teilnahme an der – Machtlosigkeit! Hoch charakterisiert die Politik der David, Heine, Südekum als nationalliberal; da könne er nicht mitmachen. Nach weiterer Debatte wird auf Antrag Peus mit 53 gegen 37 Stimmen Schluss gemacht.

Der Antrag Hoch wird mit 64 gegen 34 Stimmen bei einer Stimmenthaltung (Liebknecht) abgelehnt.

Sodann wird mit 77 gegen 23 Stimmen beschlossen, die zehn Milliarden Kriegskredite zu bewilligen. Dagegen stimmen (aus sehr verschiedenen Motiven!) – einschließlich zwei Genossen, die bei der Abstimmung selbst fehlten, aber ihre Auffassung dem Fraktionsvorstand nachträglich schriftlich mitteilten: Albrecht, Antrick, Bernstein, Bock, Dittmann, Emmel, Fuchs, Geyer, Haase, Henke, Herzfeld, Hoch, Horn, Kunert, Ledebour, Leutert, Liebknecht, Peirotes, Rühle, Schwarz, Simon, Stadthagen, Stolle, Vogtherr, Zubeil.

Danach geht die Fraktion zur Beratung der Budgetfrage über.

Ebert meint, die allgemeine Ausnahmeklausel des Lübecker Beschlusses sei durch den Nürnberger Beschluss nicht beseitigt und hier anzuwenden. Der Parteiausschuss habe dies auch mit großer Mehrheit anerkannt. A n d e r e führen aus, dass der eine Ausnahmefall, den der Nürnberger Beschluss ausdrücklich anerkenne, nur zur Erläuterung eines allgemeinen Grundsatzes diene: dass nämlich die Bewilligung des Budgets zulässig sein soll, wenn seine Ablehnung einen schweren Nachteil herbeiführen würde; der Nachteil, den die Ablehnung des Kriegsbudgets herbeiführen würde, sei der denkbar größte: eine Deduktion, die, selbst wenn die Wertung einer etwaigen Ablehnung des Kriegsbudgets so richtig wäre, wie sie falsch ist, schon darum in die Luft schießt, weil die Ablehnung des Budgets durch den Reichstag, selbst bei einem Nein der sozialdemokratischen Fraktion, nicht in Frage kam. Wieder von a n d e r e n wird verkündet: auch gegenüber Parteitagsbeschlüssen gelte des Reichskanzlers Wort: »Not kennt kein Gebot!« Wenn diese Beschlüsse die Budgetbewilligung verwehren würden, bliebe nichts übrig, als sie zu durchbrechen und die Entscheidung des nächsten Parteitages abzuwarten. Von v e r s c h i e - d e n e n – auch Ebert – wird hervorgehoben, dass die Bewilligung der früheren Kriegskredite, die im Reichstagsetat gefordert wurden, bereits eine Budgetbewilligung darstellen.

Gleich nachdem Ebert gesprochen hatte, beantragt Peus, nur noch einem Redner das Wort gegen die Budgetbewilligung zu geben, und dann zu entscheiden; da die große Mehrheit dem widersprach, zog Peus den Antrag zurück. Indessen wurde die Redezeit auf zehn Minuten festgesetzt. Es sprachen für die Bewilligung Ebert, Schöpflin, Cohen, Landsberg, David; dagegen Bernstein, Haase, Stadthagen, Emmel. Dann wird die Debatte geschlossen. Ebert erhält ein »Schlusswort«.

S i m o n beantragt: im Falle der Bewilligung des Budgets im Plenum zu erklären, dass die Bewilligung nur unter dem Zwange des Krieges erfolge, aber die grundsätzliche Stellung der Fraktion in der Budgetfrage nicht berühre.

Dieser Antrag wird mit 60 gegen 34 Stimmen abgelehnt.

Die Bewilligung des Budgets wurde mit 69 gegen 30 Stimmen beschlossen. Die Zahl 30 ist nicht vollständig, da mehrere Genossen, die auf ablehnendem Standpunkt standen, ebenso auch einige von denen, die gegen die Kreditbewilligung gestimmt hatten, bei der Abstimmung über die Budgetfrage fehlten. Außer den oben genannten Kreditverweigerern erklärten sich gegen die Budgetbewilligung durch die Fraktion folgende zehn: Baudert, Brandes, Büchner, Oskar Cohn, Hierl, Hoffmann-Kaiserslautern, Hofrichter, Hugel, Raute, Schmidt-Meißen, also zusammen insgesamt 35.

Ein Antrag E m m e l, die Abstimmung im Plenum für die Minderheit freizugeben, verfiel mit 71 gegen 18 Stimmen der Ablehnung.

E m m e l u n d a n d e r e hatten rundheraus erklärt: die Fraktion sei zu einem Beschluss auf Budgetbewilligung n i c h t zuständig; sie würden, gleichviel wie die Fraktion beschließe, im Plenum entsprechend dem Parteitagsgebot gegen das Budget stimmen. Darauf wurde ohne Widerspruch ein A n t r a g L e g i e n angenommen: falls die Abstimmung der Fraktion im Plenum nicht einheitlich sein werde, sofort nach dem Plenum eine Fraktionssitzung abzuhalten.

Am 2 0. M ä r z fand während der zweistündigen Unterbrechung der Plenarsitzung, die durch die stürmischen Auftritte bei Ledebours Rede veranlasst war, eine weitere Fraktionssitzung statt. Die bürgerlichen Parteien planten für die dritte Lesung des Etats eine große patriotische Kundgebung. Mit 70 gegen 22 Stimmen bei 6 Enthaltungen wird beschlossen, auch für die sozialdemokratische Fraktion durch Scheidemann eine Erklärung abgeben zu lassen. Ein Antrag E m m e l, in der Erklärung ausdrücklich zu bemerken, dass sie nur im Namen der Fraktionsmehrheit erfolge, wird gegen 22 Stimmen abgelehnt.

L i e b k n e c h t u n d R ü h l e haben dem Fraktionsvorstand mitgeteilt, dass sie im Plenum gegen das Budget stimmen werden. L e g i e n fordert zunächst, die Fraktion solle beschließen, dass sich die beiden Genossen damit außerhalb der Fraktion stellen; durch Zurufe wird er daran erinnert, wie, gelinde gesagt, zweideutig er selbst früher unter der Herrschaft des Radikalismus der Parteidisziplin gegenüberstand. Er zieht sich schließlich auf einen Missbilligungsantrag in der Form des am 2. Februar gegen Liebknecht gefassten Fraktionsbeschlusses zurück. Dieser Antrag wird mit 67 gegen 17 Stimmen bei 2 Enthaltungen (Liebknecht, Rühle) angenommen; mit großer Mehrheit wird die Veröffentlichung dieser Missbilligung beschlossen. Eine Anregung, in dem Beschluss die Namen nicht zu nennen, fand keinen Anklang.

Nunmehr äußerte sich L e d e b o u r zu den Vorgängen im Plenum. Er habe die Vergeltungsmaßregeln des von ihm doch gleichzeitig gerühmten Hindenburg ausdrücklich nur angegriffen, weil sie in der russischen Grenzbevölkerung entgegen dem deutschen Interesse eine Deutschland ungünstige Stimmung erzeugen müssen. Es habe also gar kein Grund zur Erregung gegen ihn vorgelegen. Verschiedene Redner warfen ihm vor, seine Kompetenz überschritten zu haben, und verteidigten das Vergeltungsprinzip. Stadthagen erinnert an die rücksichtslos scharfe Anklage, die Vollmar vor mehreren Jahren wegen der Anwendung dieses Prinzips in Afrika gegenüber den Negervölkern erhob. Liebknecht erklärt kurz, dass er seinen Zwischenruf von der Barbarei nicht bedaure.

In der anschließenden Plenarsitzung stimmten Liebknecht und Rühle gegen das Budget, während sich etwa ein Drittel der Fraktion vor der Abstimmung aus dem Saal entfernte. Liebknecht und Rühle begründeten ihre Abstimmung in folgenden Briefen an den Fraktionsvorstand:

***

Berlin, den 20. März 1915

Werte Genossen!

In Bestätigung und Ergänzung der Bemerkungen, die ich in der Fraktionssitzung zur Begründung meiner heutigen Abstimmung machte, erlaube ich mir, Folgendes zu erklären:

Einer Regierung des Kapitalismus, einer Regierung der durch Krieg und Belagerungszustand verschärften Unterdrückung und Ausbeutung, einer Regierung, die für den Krieg und seine ungeheuerlichen Opfer entscheidend mitverantwortlich ist, und auf deren Gewissen der Bruch belgischen Neutralität lastet, einer Regierung, die das Kriegsziel imperialistischer Eroberung verfolgt, gebührt kein Vertrauen, sondern Kampf. Die durch klare Parteitagsbeschlüsse zur Pflicht gemachte Ablehnung des Budgets ist daher heute mehr als je ein Gebot der politischen Notwendigkeit.

In dem Budget sind zudem neue zehn Milliarden Kriegskredite enthalten. Meine Stellung zu diesen Krediten ist die gleiche wie die zu den am 2. Dezember v. J. votierten. Ich nehme Bezug auf meine

Abstimmungsbegründung vom 2. Dezember v. J., die ich heute, nach weiteren drei Kriegsmonaten, in denen neue Berge von Opfern gehäuft sind, heute, wo sich allenthalben in den kriegführenden Ländern der Friedenswille der Volksmassen, der Wille des Proletariats zur internationalen Solidarität immer stärker regt, Wort für Wort wiederhole und unterstreiche.

Aus diesen Gründen lehne ich den Etat ab.

Mit Parteigruß

K. Liebknecht

***

Werter Genosse, ich bitte Sie, davon Kenntnis zu nehmen, dass ich heute bei der dritten Lesung des Etats in der Schlussabstimmung g e g e n diesen stimmen werde. Ich erachte die zur Budgetfrage vorliegenden Parteitagsbeschlüsse als in vollem Umfange zu Recht bestehend und für mich als bindend und bestreite der Fraktion die Kompetenz, diese Beschlüsse zeitweilig außer Kraft zu setzen. Da die Parteitagsbeschlüsse zu positiver Stellungnahme, also zur A b l e h n u n g des Etats verpflichten, kann ich mich zu meinem Bedauern nicht dazu verstehen, mich vor der Abstimmung aus dem Sitzungssaale zu entfernen. Ich bitte Sie, diese meine Entschließung der Fraktion zur Kenntnis zu geben.

20. März 1915

Mit Parteigruß

Otto Rühle

***

Die Reichstagsfraktion veröffentlichte im »Vorwärts« vom 22. März 1915 folgende Erklärung:

»Die Fraktion hat am 2. Februar 1915 den Beschluss gefasst, dass die Abstimmungen der Fraktion g e s c h l o s s e n zu erfolgen haben, soweit nicht für den einzelnen Fall die Abstimmung ausdrücklich freigegeben ist. Glaubt ein Fraktionsgenosse, an der geschlossenen Abstimmung der Fraktion nicht teilnehmen zu können, so steht ihm das Recht zu, der A b s t i m m u n g f e r n z u b l e i-

ben, ohne dass dies einen demonstrativen Charakter tragen darf. Die Fraktion hat am 18. März weiter beschlossen, dass die Abstimmung über das diesmalige Budget geschlossen zu erfolgen habe. Demgemäß verurteilt sie den von den Fraktionsmitgliedern Liebknecht und Rühle entgegen diesem Beschluss heute erfolgten Disziplinbruch aufs Entschiedenste.«

Aus einer Rede
die Genosse Liebknecht im Januar 1915 in Neukölln
hielt, geben wir nach stenographischen Aufzeichnungen
folgende Bruchstücke wieder (mit einigen von uns hinzu-
gefügten Anmerkungen).

Imperialismus und Krieg[10]

Einen Wesenszug des Imperialismus, dessen Hauptträger auf dem europäischen Festland Deutschland ist, bildet das wirtschaftliche und politische Expansionsstreben, das immer stärkere politische Spannungen erzeugt.

Mächtige Unternehmungen der deutschen Schwerindustrie blicken seit Jahren verlangend nach dem an Bodenschätzen und industriellen Anlagen reichen Belgien und Französisch-Lothringen. Bereits heute besitzen sie dort wertvolle Anlagen, deren Ausnützung und Ausbau ihnen durch Einverleibung dieser Gebiete in Deutschland ungemein erleichtert und gegen die französischen Abschließungstendenzen sichergestellt würde. Ähnliches gilt von Teilen Russisch-Polens. Der Erwerb Belgiens und eines Stückes der nordfranzösischen Küste wird auch als ein Stoß ins Herz der britischen Kanalmacht eifrig angestrebt. In der Forderung nach einem mitteleuropäischen Staatenbund finden die europäischen Expansionsgelüste der deutschen Imperialisten

---

10   Dieser Text der Ausführungen ist den Thesen entnommen, mit denen Liebknecht Mitte November 1914 u.a. sein Verlangen nach einem öffentlichen Minderheitsvotum begründete.

vielfach einen selbst gegen die Neutralen ausgreifenden ungenierten Ausdruck.

Kleinasien und Syrien, Brennpunkte der internationalen Kapitalkonkurrenz, gehören zu den bedeutsamsten Siedlungsgebieten für das stürmisch vordringende deutsche Finanzkapital. Hier liegt das Zentrum des imperialistischen Gegensatzes zwischen Deutschland und Russland, hinter dem der englisch-russische Widerstreit zeitweilig zurücktritt. Hier liegt auch die Operationsbasis für einen Vorstoß gegen Ägypten (Sueskanal), den »Eckstein« der britischen Weltmacht.

Als Brücke zu den asiatischen Ausbeutungsgefilden hat der Balkan für einen sehr einflussreichen Teil des deutschen Kapitals ein eigenes Interesse gewonnen. Auch die zunehmende Verknüpfung zwischen deutschem und österreichischem Kapital und die militärisch-politischen Gesichtspunkte des deutsch-österreichischen Zweibundes haben der Stellung Österreichs auf dem Balkan für die offizielle deutsche Politik beträchtliche Bedeutung verliehen.

Gewaltig ist die Begierde des deutschen Kapitals nach kolonialer Ausdehnung gewachsen, wobei der afrikanische Besitz Englands und Frankreichs im Vordergrunde steht.

Selbst der Appetit der deutschen Agrarier nach neuem »Bauern«land ist erwacht und wächst zusehends.

Die unter dem Vortritt Deutschlands vollzogene militaristische Entwicklung Europas, in der die Mächte einander zu überflügeln suchten, hatte einen Grad erreicht, der einer Steigerung nicht mehr fähig schien. Zur Durchsetzung der immer gewaltigeren Rüstungsvorlagen wurde der Völkerhass systematisch genährt. Die ins Ungemessene gestiegenen Heereslasten mussten auch in Deutschland schließlich teilweise den besitzenden Klassen auferlegt werden, die dadurch in zunehmende Unruhe gerieten. Jede Anregung zur Verständigung über eine internationale Rüstungseinschränkung wurde vor allem von dem vorantreibenden deutschen Imperialismus abgelehnt.

Eine verhängnisvolle Rolle bei der Zuspitzung der Konflikte spielte das international versippte Rüstungskapital, das im Zeichen des bewaffneten Friedens glänzend gediehen war, das bei einem Krieg ohne Rücksicht auf den Ausgang goldene Ernte erwarten durfte, und dessen deutsche Hauptunternehmungen zudem in Belgien und Französisch-Lothringen lebhaft interessiert sind.

Der Militarismus erzeugte aus sich selbst noch andere mächtige Kriegsinteressenten, vor allem eine Offizierskamarilla, die besonders in Deutschland ungeniert auf einen kriegerischen Konflikt hinarbeitete und selbstherrlich ihre Nebenregierung etablierte.

Die innerpolitischen Zustände hatten infolge der Zuspitzung der nationalen und vor allem der Klassengegensätze für die herrschenden Klassen ein bedenkliches Gesicht gewonnen. In Deutschland entlockte ihnen das rapide Wachstum der Sozialdemokratie, die ihren politischen und wirtschaftlichen Besitzstand bedrohte, bereits vor fast einem halben Jahrzehnt den Ruf nach einem Kriege als dem einzigen Mittel zur Vernichtung der Arbeiterbewegung.

Die kapitalistischen und militaristischen Kriegsinteressenten, deren Ziele sich freilich keineswegs decken, bildeten in Deutschland eine von Jahr zu Jahr mehr hervortretende Kriegspartei unter dem Protektorat des deutschen Kronprinzen, der sie wiederholt in unverhohlener Fronde gegen die offiziellen Vertreter des Deutschen Reichs demonstrativ anfeuerte.

Diesen Treibereien, für die es auch in den übrigen Staaten Gegenstücke gibt, wurde in Deutschland Vorschub geleistet durch halbabsolutistische Verfassungszustände, die die Entscheidung über Krieg und Frieden dem Einfluss der breiten Masse entzogen und in der auswärtigen Politik ein durch keine Kontrolle des Volkes begrenztes, umso mehr aber den Einwirkungen der herrschenden Klassen unterworfenes persönliches Regiment ermöglichten.

Die Geheimdiplomatie, die Politik der Geheimverträge, bedrohte seit Langem den Frieden.

So zweifellos auch breite Kreise der nichtproletarischen Bevölkerung ein starkes und steigendes Interesse an der Aufrechterhaltung des Friedens besaßen, ihr Hass gegen das Proletariat, ihre Angst vor ihm lähmte ihren Widerstand gegen das persönliche Regiment und warf sie stets aufs Neue dem Militarismus in die Arme, in dem sie ihren zuverlässigen Schutzherrn im Klassenkampf gegen die anschwellende revolutionäre Flut anbeten.

Die schwächlichen Verständigungsversuche der Regierungen, die zeitweilig einen friedlichen Ausgleich wichtiger kapitalistischer Gegensätze in den Bereich der Möglichkeit zu rücken schienen, erlitten kläglich Schiffbruch.

Alle jene Gefahren hat die Sozialdemokratie seit jeher erkannt, gekennzeichnet und in internationaler Zusammenarbeit bekämpft. Ihre Bemühungen vermochten den Ausbruch des Krieges nicht zu hindern.

Die Einzelheiten der Vorgeschichte des Krieges wird die Zukunft enthüllen. Die Grundzüge stehen schon heute fest. Wir haben unsere Auffassung darüber nicht vom 29. Juli bis zum 1. August 1914 umgestürzt …

Die Gründe für die Kreditbewilligung

Zunächst zu einigen praktisch-opportunistischen Erwägungen, die auf die Haltung der Reichstagsfraktion von großem Einfluss waren, freilich aber für die Bestimmung der prinzipiellen, programmatischen Politik – die zugleich im tieferen Sinne die einzige praktische Politik ist – von vornherein nicht maßgebend sein dürfen.

Die Analyse dieser Erwägungen lohnt jedoch einiger Mühe, schon wegen der Rolle, die sie tatsächlich gespielt haben und noch spielen.

Die Berufung auf die S t i m m u n g   d e r   V o l k s m a s s e n ist mit wenigen Sätzen abgetan. Wer kannte und wer kennt diese Stimmung? Die johlende, kreischende, rasende Menge, die die Straßen füllte, die allem, was ausländisch war oder schien, die Kleider zerriss und mit Misshandlungen zu Leibe ging, musste jedem Sozialdemokraten abschreckend, nicht vorbildlich sein. Keine Pressefreiheit, keine Versammlungen, keine Möglichkeit, mit dem Volke in Berührung zu kommen! Aber selbst wenn die große Masse des Volkes die Kreditbewilligung heischte: Die Sozialdemokratie wird solche Massenstimmungen zwar stets gebührend berücksichtigen, untersuchen und zu ihrer Belehrung nutzen, ihnen aber nicht kritiklos folgen. Sie hat Führerin, nicht Geführte der Massen zu sein, und noch nie gemeint, durch Nachgiebigkeit und Anpassung an die Masseninstinkte ihren Idealen zu dienen, sie ist im Kampf mit Masseninstinkten geworden und gewachsen und noch heute eine Partei der Minderheit des Volkes. Sie hat die Interessen der Massen zu vertreten und die Massen zum Verständnis ihrer Interessen zu erziehen, sodass sie – aufgeklärt – den Kampf um ihre Interessen führen können, losgelöst von den suggestiven Einflüssen der herrschenden Klassen. Nie waren diese suggestiven Einflüsse zum Schaden der Massen größer als in der Zeit um den 4. August; nie waren sie verhängnisvoller, nie hatte die Sozialdemokratie mehr die Pflicht, in schroffer, fester Haltung diesen Einflüssen zur Aufklärung des Volkes zu trotzen. Keine Volksstimmung verdient geringere Beachtung als jener Zustand künstlich erzeugter Raserei, der zur Rechtfertigung der Kreditbewilligung herangezogen wird.

Die Patrioten aus Angst vor der »Zertrümmerung der Organisationen« verkennen in ihrem seichten Opportunismus das Grundwesen der Arbeiterbewegung und die Wurzeln ihrer Kraft und Größe: Eine große Organisation, vom Geist der Rechnungsträgerei, der Mutlosigkeit, der inneren Schwäche und Zielunsicherheit beherrscht, bedeutet keinen Vorteil, sondern einen Hemmschuh, ein Unglück, eine negative Größe; eine wenn auch noch so kleine Organisation entschlossener Kampfkraft ist unter allen Umständen eine treibende, drängende Energie, eine positive Größe. Eine Organisation, und wäre sie die riesenhafteste an Zahl und materiellen Mitteln, die im entscheidenden Moment versagt, ist damit zusammengebrochen. Eine oppositionelle Kampforganisation, die sich im entscheidenden Moment freudig der Regierungskuratel unterstellt und unter der Pickelhaube des Belagerungszustandes wohnlich einrichtet, hat aufgehört, als oppositionelle Kampforganisation zu existieren. Für eine Organisation, die, um ihren äußeren Bestand zu retten oder gar zu steigern, auch nur einen Gran ihrer revolutionären Ehre, ihres sozialistischen Geistes preisgäbe, würde gelten: »Was hülfe es, wenn du die ganze Welt gewönnest, und nähmest doch Schaden an deiner Seele«. Der Schade ist unermesslich größer, als der bei Zertrümmerung des äußeren Bestandes der Organisation eingetreten hätte sein können. Das Sozialistengesetz predigt mit feurigen Zungen, was eine Partei unzerstörbar machen kann. Was hat die herrschenden Klassen seitdem gezwungen, ihre hitzige Begier nach neuen Ausnahmegesetzen zu zügeln? Die Erfahrung des Sozialistengesetzes! Die Überzeugung, dass die Sozialdemokratie, die Arbeiterbewegung etwas ganz anderes ist als eine äußere, technisch vollendete Organisation; dass diese äußere Organisation nur das Kleid und das Haus dieser Bewegung ist. Mit einem Federstrich können und konnten jeden Tag alle Arbeiterorganisationen bis auf die letzte radikal vernichtet werden. Ein Kinderspiel für jeden mittelmäßigsten Polizeigeist. Was hält davon zurück, wenn nicht die Sorge, dass die Bewegung durch äußere Vergewaltigung an innerer Kraft gewinnen und – aus dem Haus der Organisation vertrieben – der Verfolger spotten wird?

Den äußeren Bestand der Organisation retten unter Preisgabe ihres Allerheiligsten heißt das Unzerstörbare wegwerfen und das – Zerstörbare retten. Heißt das erhalten, was in der Tat durch einen Federstrich und ein Stirnrunzeln weggelöscht werden kann – allerdings auch das, an dessen Zerstörung auch die hitzigsten Scharfmacher kein Interesse mehr haben werden.

Diese Patrioten aus Angst sind oft zugleich Schacherpatrioten, Patrioten der guten Hoffnung, der Sehnsucht nach Belohnung für Artigkeit; nicht »Kanonen für Volksrechte«, beileibe nicht – sondern Kanonen ohne jede Gegenleistung; Kanonen aus Idealismus, aus gutem, waschechten Patriotismus, aber immerhin im tiefsten Schrein des keuschen Herzens den geheimen innigen Wunsch nach angemessenem politischen Trinkgeld. Aber, zum Teufel, wenn schon geschachert werden soll, dann ordentlich und grad heraus, und sorgt, dass ihr nicht übers Ohr gehauen werdet.

Schacherpolitiker, die aus Scheu vor »offenem, graden« Schacher ihr Geschäft auf die unsicheren Aussichten der bei Geburtstagen üblichen »Geschenke auf Gegenseitigkeit« aufbauen, machen eine traurige Figur. Nochmals: Wenn schon, denn schon tüchtig und ganz. Ihr Stümper des Schacherns! Nehmt Euch ein Exempel am edlen Junkertum, wie es seit je Krieg und Kriegsgefahr ausnutzte, um dem Gottes-Gnaden-Landesherrn politische und wirtschaftliche Macht Stück um Stück abzupressen. Da ging's bar gegen bar; und nicht: Gold und Herzblut gegen Wart-ein-Weilchen.

Wir haben mit dieser Schacherpolitik keine Gemeinschaft, nicht, weil sie eine verkrüppelte Halb- und Viertelsheit ist, blutleer und ohne die drallen Schenkel der kühnen politischen Unmoral – sondern – als internationale Sozialisten.

Die Spezies der Angstpatrioten kann in Reinkultur vorkommen; im Hoffnungs- und Schacherpatrioten steckt immer auch eine gehörige Portion vom Angstpatrioten.

Diese Kombination ist aber voll Widerspruch. Der Angstpatriotismus ist eine verhängnisvolle Gefährdung aller Aussichten auf den erhofften Segen künftiger Gnade. Hat sich die Angst als staatserhaltender Faktor bewährt, je nun – dann gilt es, diese Chance auch für die Zukunft zu sichern, zu mehren. Wodurch? Durch eine starke, durch eine womöglich immer s t ä r k e r e S t a a t s g e w a l t! Die Kunst, uns zu besiegen, hat man gelernt; uns zu besiegen durch einen Papierwisch mit Druckerschwärze, die den Belagerungszustand verkündet. Noch nie ward einer Gans der Hals so schnell umgedreht. Der Regierungsterrorismus hat gesiegt – es lebe der Regierungsterrorismus! So fliegen den Papagenopolitikern der Angst ihre schönsten Vögel allesamt weg, und so schwimmen den schlauen Trinkgeldpolitikern der guten Hoffnung ihre schönsten Fische allesamt von dannen.

Die »Realpolitiker« letzterer Sorte führten zwar in den entscheidenden Fraktionsverhandlungen ein großes Wort, inzwischen sind sie zumeist schon recht kleinlaut geworden. Schon im September 1914 erklang in der reaktionären Presse die Melodie: Die deutschen Siege sind Siege der preußisch-deutschen Ordnung über schlappe Disziplinlosigkeit; und *crescendo*: Der deutsche Militarismus, der verschriene Drill siegt über die Volksunordnung, und schließlich *fortissimo*: Triumph der preußischen Eigenart des Dreiklassenwahlrechts über die Demokratie!

Wird eine Apotheose der ganzen preußischen Reaktion bis zum Zollwucher und zur Muckerei das Ende vom Liede sein?

Das hängt von vielen Umständen ab; von der militärischen und wirtschaftlichen Entwicklung während des Krieges, vom Ausgang des Krieges, von dem, was dann kommen wird. Es hängt aber vor allem ab vom Proletariat, von den Volksmassen selbst und ihrer Haltung. Hier allein können wir wirken – im Klassenkampfe. G e s c h e n k t erhält das Volk keinen roten Heller, auch nicht nach dem Kriege. Es ist heute Werkzeug in den Händen der Imperialisten, Werkzeug für kapitalistische Zwecke und nicht mehr; aber auch nicht weniger: das unentbehrlichste Werkzeug und ein lebendiges Werkzeug: Und solchem lebendigen, beseelten Werkzeug wohnt die gefährliche Eigenschaft inne, dass es gegen seine Anwender revoltieren kann. Und revoltieren wird, wenn ihm allzu sehr mitgespielt wird. Die Arbeitermassen, die gehorsam und opferbereit ins Feld zogen, kehren als a n d e r e zurück; auch die zu Hause blieben, Männer und Frauen, sind a n d e r e geworden; gründlich andere. Diesen Wandlungsprozess zu verstärken, ist das realpolitische Gebot. Erhaltung und Schürung des Klassenkampfgeistes ist das Mittel zu diesem Zweck. Die sichere Enttäuschung, der unausbleibliche Katzenjammer nach dem Rausch werden dann das Übrige tun, die sauberen Pläne der Scharfmacher und Imperialisten durchzustreichen. Nur im Kampfe kann das Proletariat Rechte erringen. Nicht Nachgiebigkeit – verdoppelter Kampf ist die Losung des Tages. Und mögen Opfer fallen; sie werden, wie je, tausendfältig Früchte tragen. Jener Hoffnung aber auf kampflosen Gewinn, auf freiwillig gnädige Gewährung von Volksrechten ausgerechnet in der Zeit des Belagerungszustandes, der Militärdiktatur, der A u f h e b u n g aller Volksrechte, gebührt ein Ehrenplatz in der Raritätenkammer des politischen Illusionismus.

Schon fühlt mancher Anhänger dieser Illusionspolitik den Flugsand unter seinen Füßen weichen; da gilt's nach Sündenböcken suchen. Die »Quertreiber« sind dazu wie geschaffen und ausersehen. Nur gemach! Enthüllt nicht allzu unvorsichtig eure Taktik der frommen Kinderstube, die ihr einst mit gepfeffertem Hohn den liberalen Wadelstrümpflern überließet. Und spekuliert nicht allzu dreist auf die Vergesslichkeit des Volkes: Schon vor Monaten, ehe die Quertreiber ihr »Unwesen« begannen, demaskierten sich die preußischen Scharfmacher im Siegestaumel. Da gibt's kein Vertuschen, keine Vogel-Strauß-Methoden. Und mit einem Gran politischen Scharfblickes war das mit der Sicherheit eines chemischen Prozesses vorauszusehen.

Klassenkampf ist die Losung des Tages. Klassenkampf nicht erst nach dem Kriege. Klassenkampf während des Krieges. Klassenkampf gegen den Krieg. Nimmt die Partei nicht heute, während des Krieges, den Kampf auf, so wird man auch an ihren Kampfgeist nach dem

Kriege nicht glauben, weder in den Arbeitermassen noch in den Reihen ihrer Gegner. Jetzt gilt es, sich bewähren. So kann sich die Partei Kredit verschaffen für alle Zukunft – Kredit bei Freund und Feind, Kredit für die ernstesten Zukunftsmöglichkeiten, Kredit, der – mit Opfern des Augenblicks erkauft – dereinst ihre M a c h t unwiderstehlich machen wird.

Im Labyrinth der Widersprüche

»Liebknechts Abstimmung und Erklärung hat die Kriegstreiber des feindlichen Auslandes ermutigt; sie trägt zur Verlängerung des Krieges bei.« Das konnte für den oberflächlichen Betrachter einen Augenblick so scheinen – nach den ersten Äußerungen einiger französischer und englischer Zeitungen. Einen Augenblick lang. Dann wurden diese Zeitungen frostig gegen die deutschen Quertreiber; und schließlich giftig und empört; Liebknecht wurde als einflussloser Sonderling beiseitegeschoben, schließlich als deutscher Regierungsagent verschrien, dessen Protest im Einverständnis mit Bethmann Hollweg zum Export ins Ausland fabriziert sei. (vgl. z.B. »Action française« und »Information«, zit. »Golos«, Nr. 96 vom 3. Januar 1915; »Matin« vom 27. Januar 1915). Auch die französische Parteipresse, soweit sie eine der deutschen »Mehrheits«politik verwandte Politik treibt, wurde stutzig und kühler und machte ersichtliche Anstrengungen, durch starke Betonung aller Betätigungen der deutschen »Mehrheits«politik das anfangs sehr hoch geschätzte Gewicht der deutschen Parteiopposition gering erscheinen zu lassen.

Woher diese Wendung? Das Geheimnis dieses Geheimnisses liegt auf der Hand: Im Wiederklang zur deutschen Opposition entwickelte sich oder verstärkte sich eine erhebliche französische Opposition, die die Abkehr von der bisherigen Politik der französischen Fraktion und die Rückkehr zum Klassenkampf, die Proklamation des internationalen Klassenkampfes gegen den Krieg heischte. Damit erschien die deutsche Opposition als Mittel, um »Verwirrung in die Einmütigkeit der französischen Nation« zu tragen; d.h. den Kriegswillen zu schwächen. Das Gegenstück zu dieser Erscheinung zeigte sich in Deutschland, wo die oppositionellen Äußerungen der englischen Sozialisten von der ILP, der Keir Hardie, MacDonald, Shaw usw., anfangs von der reaktionären Presse mit breitem Behagen als Beweise der englischen Schwäche ausposaunt, dann aber als unwichtige Kundgebungen vereinzelter Schwärmer am liebsten in den Papierkorb geworfen wurden; und wo Scheidemann und sein Gefolge sich im Schweiße ihres Angesichts abquälten, die Opposition der ILP zu diskreditieren und die ILP – die größte sozialistische Partei Englands – zu einem ganz bedeutungslosen Häuflein zu stempeln. Auch hier setzte dieser Umschwung ein, als sich die deutsche Opposition dieser Symptome des Klassenkampfes im »feindlichen Ausland« immer systematischer zur Stärkung der deutschen Opposition bemächtigte. Und auch hier wurden von den Vertretern der »Mehrheit« immer hitziger und energischer die Äußerungen der Kriegsbegeisterung oder gar die Entgleisungen des Chauvinismus in den ausländischen Parteien betont und das Material über dieses gute Beispiel in einer besonderen Korrespondenz, der von dem Adlatus des Internationalen Gewerkschaftssekretärs herausgegebenen IK, sorgfältig und einseitig gesammelt und verarbeitet: um der deutschen Opposition zu erschweren, sich an dem Beispiel der ausländischen Arbeiterbewegung zu ermutigen und zu stärken.

Nicht die Opposition, nicht der Klassenkampf kräftigt darnach letzten Endes und auf die Dauer den Kriegswillen des Gegners, seinen Willen zum »Durchhalten«, sondern die »Mehrheits«politik. Kriegswille diesseits der Grenzen entzündet Kriegswillen jenseits der Grenzen in verhängnisvoller Wechselwirkung. Opposition, Klassenkampf diesseits der Grenzen entfacht Opposition, Klassenkampf jenseits der Grenzen – in heilsamer Wechselwirkung. Es liegt ein internationaler Prozess vor, dessen Naturgesetzlichkeit zu begreifen nur allzu viel Sozialisten in der heutigen Zeit verlernt haben. Jeder Versuch einer Orientierung der Taktik aus bloßen nationalen Gesichtspunkten führt unvermeidlich in einen verhängnisvollen Zirkel, in den Zirkel des Imperialismus und der politischen Abdankung des Proletariats.[11]

---

11 Wir möchten zur Ergänzung dieser Ausführungen Liebknechts noch an die Worte erinnern, die die »Humanité« zu der bekannten Stuttgarter Rede Heines schrieb: »Die Auffassung, welche Heine vertrat, mache aus dem Proletariat Deutschlands eine von der

Das sind die berechtigten Perspektiven der gerühmten Politik des »Durchhaltens«. Und diese Perspektiven sind wahrlich hoffnungslos genug für das deutsche und das ganze internationale Proletariat. Die David und Genossen verkünden das gute Recht der Franzosen und Engländer und Russen auf eine gleiche Politik des Durchhaltens, wie sie ihr in Deutschland das Wort reden; nicht nur das Recht, nein: die Pflicht zu dieser Politik. Sie wollen sich so selbst decken; sie schalten damit das Proletariat als politischen Faktor aus; sie schüren damit in Wahrheit den Krieg bis zum Weißbluten.

Vom Frieden reden, den Friedenswillen bekunden, den Frieden fordern heißt Schwäche zeigen und die Feinde zur Anspannung aller Kräfte anspornen: so lehrt die Politik David-Heine-Scheidemann. Das heißt den internationalen Charakter des Sozialismus begraben. Wenn die Sozialdemokratie eines Landes sozialistisch redet und handelt, wenn sie als Klassenkampfopposition auftritt, kann sie, ja muss sie international reden und handeln; kann sie, ja muss sie im Namen nicht nur des eigenen, sondern aller, auch der »feindlichen« Länder auftreten. Wenn sie in einem Lande gegen den Krieg kämpft, kämpft sie zugleich in allen anderen kapitalistischen Ländern für den Frieden, denn ihr Beispiel ist der stärkste Hebel zur Entfaltung einer gleichen Klassenkampfbewegung gegen den Krieg auch in den anderen Ländern. Nie kann die Bekundung des Friedenswillens, des Willens zum Klassenkampf durch die Sozialdemokratie irgendeines Landes etwas anderes zeigen als sozialistische Prinzipientreue, Kampfes- und Opferbereitschaft.

»Wenn wir Sozialdemokraten unseren Friedenswillen ausspre-chen, so provozieren wir damit die anderen Parteien und die Regie-rung zur Betonung ihres Kriegswillens; damit aber zerstören wir die erhoffte Wirkung unserer Aktion und erreichen ihr Gegenteil.« So

---

Regierung abhängige Klasse und eine ewige Drohung für die Arbeiterklassen aller Nach-barländer. Das Proletariat der neutralen Länder könne jetzt die Tiefe des Abgrunds ermes-sen, in den ein deutscher Sieg es führen würde.« Also: Durchhalten bis zur völligen Nie-derwerfung des deutschen Militarismus, Junkerismus und Kaiserismus! Das ist die Lehre, die die sozialistischen Parteien des Auslandes aus H e i n e s Haltung ziehen. U n d d i e s e Lehre ist nicht ohne Folgerichtigkeit.

lautet ein anderer verzweifelter Einwand gegen jeden Kampf für den Frieden. Als ob der Kriegswille der Imperialisten aller Länder nicht bekannt genug wäre! Als ob er nicht in jeder Zeile, in jedem Wort ihrer Presse, ihrer Redner Tag für Tag zum Ausdruck käme! Als ob nicht die Bekundung des Friedenswillens, wenn auch nur eines noch so geringen Teils der Bevölkerung gegenüber diesem Hexensabbat, ein neues, wichtiges Faktum wäre; als ob nicht die Masse des Volkes, jedes Volkes, vom tiefsten Friedenswillen durchdrungen wäre! Und sehen denn diese weitsichtigen Politiker nicht, dass dieses Argument ihre sonstige Argumentation zur Bekämpfung der Friedensaktion in Scherben schlägt? Als ob sie nicht zufrieden sein müssten, wenn durch kriegsbegeisterte Gegenkundgebungen der von ihnen gefürchtete Eindruck der Schwäche wettgemacht wird! So irren diese Verfechter des patriotisch-militaristisch-imperialistischen Sozialismus hilflos in einem Labyrinth, da sie dem Ariadnefaden der internationalen Orientierung des Klassenkampfes nicht folgen wollen.

Krieg und Volksrechte

Eine neue Sorte der »direkten Aktion« ist in der deutschen Sozialdemokratie aufgenommen; eine Parodie allerdings. »Es gibt, selbst in der Phantasie der Gegner, keine ›vaterlandslosen Gesellen‹ mehr, und darum gibt es auch keine Deutschen mehr, denen die volle Gleichberechtigung im Reich, Staat und Gemeinde versagt werden könnte.« (»Volksblatt für Harburg«.) Das heißt in der Tat die Weltgeschichte um die Achse eines Reichsverbandsschwindels drehen. Als ob die Arbeiterschaft bisher wegen ihrer angeblichen »Vaterlandslosigkeit« unterdrückt und ausgebeutet wäre! Als ob das Geschwätz von der Vaterlandslosigkeit nicht stets ein Schwindel gewesen wäre! Als ob wir dieses Geschwätz nicht stets als billigen Schwindel erkannt hätten. –Bis zum 4. August 1914! Da glaubten plötzlich einige Narren, dass der Verdacht der Vaterlandslosigkeit die Ursache des politischen und sozialen Elends der Arbeiterklasse gewesen sei! Da wähnten sie plötzlich, sich von dem schrecklichen Verdacht reinigen zu müssen, um so die Anwartschaft auf Gleichberechtigung zu erwerben. Die

Weltgeschichte wird nicht mehr als Macht- und Interessenkampf, sondern unter dem Gesichtswinkel eines Injurienprozesses betrachtet. Die Sozialdemokratie soll sich in dem Kriege ihre politische Satisfaktionsfähigkeit erpauken! Wahrlich: Possen der politischen Kinderstube!

Auch Lensch meint, »der Weltkrieg wird viele der Hindernisse mit einem Ruck hinwegräumen, die bisher dem siegreichen Vordringen des Sozialismus noch im Wege lagen und deren Beseitigung in Friedenszeiten noch Jahrzehnte gedauert hätte«.

Wer wird die Möglichkeit einer solchen Wirkung des Krieges bestreiten? Aber wenn sie eintreten wird, wird sie vom Himmel fallen? Oder nicht vielmehr im Klassenkampf erkämpft werden müssen? Erkämpft werden gegen den Imperialismus, erkämpft werden im Kampfe gegen die Mächte, die diesen Krieg zu verantworten haben, die ihn dirigieren; erkämpft werden gegen den Krieg?

Wer nicht begreift, dass der Krieg nicht, indem wir ihn unterstützen, sondern nur, indem wir ihn verwerfen und alle Kraft gegen ihn einsetzen, – nicht nach den Methoden des Burgfriedens, sondern nur nach denen des Klassenkampfes – im Sinne Lenschs für uns nutzbar zu machen ist, hat das Abc der historischen Dialektik, der antagonistischen Entwicklungsform nicht kapiert.

Und seit wann ist es Aufgabe der Sozialdemokratie, gesellschaftliche Vorgänge, die sich nach den kapitalistischen Tendenzen abspielen und die gegen den Willen der kapitalistischen Regisseure im dialektischen Prozess der Entwicklung günstige Folge für das Proletariat erzeugen, darum direkt zu unterstützen?[12]

---

12   Der lächerliche Gallimathias dieser »Taktik« führt zu der direkten Aktion *à la* Miquel und Struwe, d.h. zur direkten Unterstützung des Kapitalismus, weil dieser, wie Lensch und die sonstigen »sozialistischen« Irrläufer etwas spät merken, ja doch vorläufig noch gesellschaftlich notwendig oder doch wirklich ist!

Welche Ursachen werden also eine etwaige Neuorientierung der inneren Politik bestimmen?

Etwa das Eintreten der Sozialdemokratie für den Krieg, d.h. die Wegräumung jenes Reichsverbandsschwindels? Diese Auffassung zu erhalten, liegt der Regierung und den herrschenden Klassen sehr am Herzen. Begreiflicherweise! So wird das Proletariat erst tüchtig ausgenutzt – die herrschenden Klassen sammeln die Frucht der proletarischen Kriegsbegeisterung rasch und sicher in die Scheuern. Die Belohnung winkt nach dem Krieg; solange wird vertröstet; bis dahin habt ihr hübsch artig zu sein, sonst verscherzt ihr euch die Belohnung!

Gewiss! Es mag eine »Neuorientierung« kommen. Aber nicht wegen der Widerlegung eines Reichsverbandsschwindels, sondern wegen der Revolte der Werkzeuge gegen ihre Anwender, infolge der trotz alledem unausbleiblichen Revoltierung der Geister durch den Krieg, infolge der so eintretenden Machtverschiebung; im Klassenkampf – Macht gegen Macht, nicht zum Dank für Pudelbravheit, für gehorsame Sprünge über den Regierungsstock.

Heine beschwört in den »Süddeutschen Monatsheften« (vgl. »Berliner Tageblatt« vom 17. März 1915) die Regierung und ihre Einbläser: »Verkennt die Schätze nicht«, die euch die Arbeiterorganisationen in den Schoß geworfen haben! »Nehmt die vorbehaltlos an!« usw.

Es ist schon wahr: Schätze im materiellen und moralischen Sinne haben ihnen die Arbeiterorganisationen gebracht, in den Schoß geworfen – vorbehaltlos! Was haben sie dafür erhalten, nichts! – Alles geopfert – keine Spur eines Lohnes: das ist die bisherige Lage der Arbeiterschaft, der Volksmassen. Dass selbstlose Hingabe in der Politik gelohnt werde, ist eine Illusion, zu der schon das inbrünstige Gottvertrauen einer frommen Betschwester gehört. Wer als Politiker so redet, hat für ernsthafte Männer ausgespielt.

Krieg und Frieden als kapitalistisches Geschäft

Ich sage nicht, dass der jetzige Krieg wirklich ein gutes kapitalistisches Geschäft ist; nicht einmal, dass er überhaupt – die Totalität des Kapitalismus ins Auge gefasst – ein gutes kapitalistisches Geschäft sein kann. Im Gegenteil: Ich bin überzeugt, dass der jetzige Krieg für den Kapitalismus in seiner Gesamtheit und im Besonderen für die kriegführenden und die meisten neutralen Staaten (Japan, die Vereinigten Staaten und vielleicht auch Italien ausgenommen) ein ganz miserables Geschäft ist. An der »falschen Rechnung« Normann Angells ist sicher viel Wahres. Der Krieg, als eine besondere Form des kapitalistischen Konkurrenzkampfes, dient natürlich dem Profitinteresse, aber doch nur in dem Sinne, dass um Beute gekämpft wird, wobei die Beute natürlich auf den Kopf nicht vermehrt wird, wohl aber die Kriegsopfer einfach zum Teufel gehen und nur die Möglichkeit bleibt, dass einer oder der andere durch den erkämpften Beuteanteil schließlich doch mehr bereichert, als durch die Kriegsopfer geschädigt wird. Natürlich können sich auch beide Parteien gründlich verrechnen und die kriegerischen Transaktionen mit allgemeiner Pleite enden.

Der Tendenz nach bleibt aber Krieg und Frieden ein kapitalistisches Geschäft, d.h. wesentlich kapitalistisch-geschäftliche Erwägungen über die höchste Profitmöglichkeit entscheiden jeweils darüber, ob von den herrschenden Klassen der eine oder der andere der gesellschaftlichen Aggregatzustände als der zweckmäßigere gewählt wird. Natürlich sind die kapitalistischen Interessen auch in jedem einzelnen Land nichts Homogenes, sondern ein Komplex mannigfaltiger, nicht selten in Widerstreit stehender Tendenzen einzelner ökonomischer Gruppen; sodass schon hier in demselben Lande Vorteil und Nachteil höchst ungleich verteilt sein kann, ja verteilt zu sein pflegt. Es kommt bei der kapitalistischen Entscheidung über Krieg und Frieden in dieser Beziehung schließlich darauf an, welche Interessentenfraktion die Staatsgewalt am meisten beherrscht, die Staatsmaschinerie am ehesten für sich arbeiten lassen kann, wobei natürlich immer noch gründlichstes Verrechnen möglich ist.

Neben dem rein wirtschaftlichen Geschäft steht noch das politische Geschäft, das natürlich in seiner Wurzel im Wesentlichen auch wirtschaftlich ist.

Wenn das »Volksblatt für Anhalt« zur Widerlegung meiner These auf die furchtbaren Opfer hinweist, die der Krieg auch den besitzenden Klassen abfordert, so freut uns dieses Bekenntnis der Dessauer Weisheit, die sich einst als ein legitimes Kind des Sozialismus gebärdete und nun ihre illegitime Abstammung aus Schulze-Delitzschs Jupiterhaupt so energisch bekennt. Die herrschenden Klassen haben sich ihre Herrschaft schließlich stets etwas kosten lassen, wenn auch nie so viel wie die Massen sich ihre Knechtschaft; und Blut, selbst ihr eigenes Blut, war der Bourgeoisie schon öfter minder wert als Gut, als kapitalistisches Gut, das Allerheiligste des Kapitalismus. Mit naiver Deutlichkeit verrät Ballin, Generalgewaltiger der Hapag, seine Grundauffassung vom Kriege in jenem Brief an den Bund »Neues Vaterland«:

»Solange die Erträgnisse nicht abzuschätzen sind, halte ich es für ein aussichtsloses und schädliches Beginnen, die Friedensdividenden festsetzen zu wollen.«

Die politische Wirkung der Mehrheitstaktik

Dass die Mehrheitstaktik, weit davon entfernt, einem künftigen Krieg entgegenzuwirken, vielmehr geradewegs dazu einlädt, ist bereits gezeigt. Ihre Wirkung auf die innerpolitische Entwicklung ist aber kaum erfreulicher. Lensch meint, die Rücksicht auf die Neutralen werde die Regierung zu ernstlichen Reformen nötigen. Es wird aber sehr vom Kriegsausgang abhängen, ob die entscheidenden Faktoren nach dem Kriege ein besonderes Interesse am Wohlwollen der Neutralen haben werden. Ob etwaige Kriegslehren dieser Art nach Friedensschluss nicht mit vielem anderen schleunigst vergessen werden, ist erfahrungsgemäß mehr wie zweifelhaft. Die ganze Rücksicht der deutschen Regierung auf die Neutralen ist ja auch heute schon von anderen Gesichtspunkten bestimmt. Viel kompaktere Beweggründe, Erwägungen, die den Geldbeutel und die innerpolitische Machtverteilung viel direkter betreffen, pflegen für die deutsche, die preußische Regierung maßgebend zu sein.

Wenn sich die bisherigen Entwicklungsgesetze der Gesellschaft nicht auf den Kopf stellen, und Deutschland sich nicht in ein politisches Schlaraffenland verwandelt, werden auch künftig keine ernsthaften politischen Reformen anders als durch politischen und wirtschaftlichen Kampf erzielt werden. Und die Aussichten dieses Kampfes sind umso günstiger, je zuversichtlicher das Vertrauen der Massen in die Festigkeit, in die Unbeirrbarkeit und Stetigkeit der Sozialdemokratie ist, und je größer die Achtung und Furcht der Gegner vor ihrer Kraft, Zielsicherheit und Entschlossenheit. Einer Partei, deren Widerstandslosigkeit gegen Massenpsychosen, gegen den heulenden Mob der Straße, gegen gerissene Regierungsdemagogie,[13] gegen ein Blatt Papier mit Druckerschwärze, die den Belagerungszustand verkündet, so offenkundig ward, einer Partei, die dem Namen einer Umsturzpartei nur eben durch den Umsturz ihrer eigenen Grundsätze Ehre gemacht hat, und deren Festigkeit in einem großen historischen Moment so gering war, dass ein Kartenhaus im Vergleich dazu als ein Festungswall erscheint, einer solchen Partei wird sowohl jenes Vertrauen wie dieser Respekt fehlen. Umso mehr, je mehr »sozialistische« Frühlingslerchen mitten im unwirtlichen Winter des imperia-

---

13 Wir möchten zu diesen Worten Liebknechts über die Regierungsdemagogie eine Stelle aus der »Deutschen Tageszeitung« vom 5.3.1915 (Nr. 118) hinzufügen, in der bei einer Betrachtung Italiens offenherzig ausgeplaudert wird, wie man in den Kreisen, die Preußen und Deutschland regieren, die Rolle der Massen einschätzt:

»Die sehr kühl überlegenden und vorbereitenden Staatsmänner ... haben unseres Erachtens die Volksstimmung in der Hand. Sie können sie nach der einen Seite lenken oder nach der anderen – es bedarf dazu nur kurzer Bearbeitungen eines Vorrats von Schlagworten, der immer zur Verfügung steht. Das sind ... rein taktische Fragen, wie sie (die Regierung) die öffentliche Meinung behandelt oder macht. Den leitenden Staatsmännern kann es unter Umständen zweckmäßig sein, als die von der Woge der Volksstimmung unwiderstehlich Getriebenen zu erscheinen oder als deren starke und weise Beherrscher.«

Nicht anders werten diese »völkischen Patrioten« natürlich das deutsche Volk, die öffentliche Meinung Deutschlands.

listischen Missvergnügens herumflattern und dem Volke den Wahn eines nahen Kanaans einzutirilieren suchen. Sich einbilden, im Wege solcher »direkten Aktionen« nationalliberalen Kalibers dem Proletariat die Wege ebnen zu können, heißt das Abc des dialektischen Materialismus in den Wind schlagen.

Die Kunst, uns spielend zu besiegen, haben die Feinde des Proletariats gelernt. Die Sozialdemokratie muss sich die verlorene Achtung zurückerobern; zurückerobern im Kampf. Nimmt sie diesen Kampf noch während des Krieges auf, so kann sie rasch und gründlich zu diesem Ziel gelangen. Verschiebt sie ihn bis nach dem Krieg, so wird er ihr saurer werden, gerade weil er dann minder gefahrvoll ist.

Erspart bleibt er ihr nicht.

Auch in der innerpolitischen Wirkung zeigt sich so, allen Illusionen zum Trotz, dass die Mehrheitstaktik die Entwicklung nicht fördert, sondern hemmt.

Der Krieg als bonapartistisches Unternehmen

Dass eines der mindestens objektiven Motive, die die herrschenden Klassen, insbesondere diejenigen Deutschlands, zum Kriege getrieben haben, das Bedürfnis nach Sicherung ihrer politischen und ökonomischen Klassenherrschaft ist, wurde verschiedentlich in sehr leidenschaftlicher Polemik gegen meine Abstimmungsbegründung bestritten. Die Hauptstützen dieser Polemik sind, wie so oft, Verständnislosigkeit und kurzes Gedächtnis. Die Untrennbarkeit der äußeren und inneren Politik haben zwar die unterdrückten Klassen recht oft, die herrschenden Klassen noch nie verkannt. Für viele Sozialdemokraten, ja für die offizielle Politik der sozialdemokratischen Zentralinstanzen war bei ihrem Eintreten für den Krieg mitbestimmend die Hoffnung auf eine durch diese Politik zu erleichternde Neuorientierung der inneren Politik und die Besorgnis vor einer Vernichtung der Arbeiterorganisationen im Falle einer oppositionellen Politik. Eine allzu große Selbstgenügsamkeit und Überhebung wäre es, wollte man sich einreden, die herrschenden Klassen hätten solche Erwägungen nicht angestellt! – allerdings klügere und weitsichtigere als jene sozialdemokratischen Märchenhoffnungen. Der Bissingsche Korpsbefehl sollte doch nicht ganz vergessen sein; und die Besorgnis vor gewaltsamer Zertrümmerung der Arbeiterorganisationen beruht eben auf der Erkenntnis von der Bereitschaft der herrschenden Klassen, den Krieg bonapartistisch auszunutzen. Seit je gehörten die Ausnutzung nationalistischer Strömungen, chauvinistischer Erregungszustände zur Bekämpfung der Opposition und die Entfesselung oder Aufstachelung solcher Strömungen zum eisernen Inventar der politischen Demagogie der herrschenden Klassen. Zahlreiche Wahlkämpfe legen Zeugnis dafür ab, dass auch die Regierung des neuen Deutschen Reiches dieses Handwerk gründlich versteht. Hat man das alles vergessen? Und hat man vergessen, was sich 1910 abspielte, als die niedergerittene Sozialdemokratie in den Nachwahlen zum Reichstag von Sieg zu Sieg schritt? Damals schrien die Heißsporne der Scharfmacherei nach einem auswärtigen Konflikt, um auf dem Scheiterhaufen des patriotischen Zorns die Hydra des proletarischen Klassenkampfes zu verbrennen. Und hat man die Kampagne Pfemferts von 1911 gegen hohe und höchste Reichswürdenträger vergessen, in der er – nicht widerlegt, sondern vielfach geradezu bestätigt – die Anklage erhob, dass für die bevorstehenden Wahlen eine nationalistische Parole vorbereitet werde, um im Trüben fischen zu können? Weiß Heine nicht, dass dieses bonapartistische Spiel an dem Pulverfass des Weltkrieges am 31. März 1911 von seinem Freund Frank im Reichstag erwähnt wurde! Ist die deutsche Regierung, sind die herrschenden Klassen Deutschlands etwa von 1911 bis 1914 an selbstloser Weisheit und demokratischem Pflichtbewusstsein so ungeahnt gewachsen, dass sie 1914 den Regungen von 1910/1911 nicht mehr zugänglich waren? Immer unbehaglicher fühlten sie sich – gerade in Deutschland, gerade in Preußen, wo die Opposition, der Klassenkampf, den die herrschenden Klassen sicher ernst nahmen, immer höhere Wellen schlug; wo die Gefahr der sozialen Revolution immer drohender aufschoss! Die ganze Politik der herrschenden Klassen orientiert sich nach ihrem Profit- und Machtbedürfnis und folgerichtig – die andere Seite derselben Medaille! – nach den Widerständen und Gefahren, die diesem Bedürfnis entgegentreten, d.h. in erster Linie nach der revolutionären Gefahr der Sozialdemokratie. Dass der Krieg ein – möglicherweise unrentables – geschäftliches Unternehmen größten Stils darstellt, verkennen nur politische Hans Naivi. Glaubt ein Mensch über 14 Jahren, dass bei Inszenierung eines solchen Unternehmens nicht auch die Chancen gegenüber jenen Widerständen und Gefahren mit erwogen sind? Tag und Nacht bedrückte der Alp der proletarischen Bewegung die herrschenden Klassen, und ausgerechnet bei Ausbruch des Krieges sollten sie ihn vergessen haben? Wir haben einen schlagenden Beweis in der glückseligen Begeisterung, mit der sich die Regierung und bürgerliche Parteien in Wort und Schrift überboten, als sie die Sozialdemokratie als Bundesgenossen an ihrer Seite sahen, als sie die Kraft- und Hilflosigkeit der gefürchteten Arbeiterbewegung erkannten. »Dieser Sieg über den inneren Feind lohnt allein den Krieg!«, so hieß es. Das ist mehr als eine gewonnene Kriegsschlacht. Im Klassenkriege hatten die herrschenden Klassen gesiegt, als sie gerade erst die Waffen zum Weltkrieg zogen. Sie hatten gesiegt – freilich nur auf Zeit. Und auf kurze Zeit vielleicht – das hängt von der Haltung der Massen ab.

Hat man auch ganz vergessen, wie verständnisvoll die reaktionäre Presse Deutschlands den Gedanken bonapartistischer Kriegszettelung Englands (wegen Ulster) und Russlands erwog? Gibt auch das den Heine und Genossen nicht zu denken?

Der Methoden der Bonapartes gegen das Volk sind drei: Gewalt bei guter Gelegenheit, Verwirrung und Korruption. Nur die letzten zwei rechnen zum Bonapartismus im technischen Sinne. Auf alle drei waren die deutschen Machthaber beim Kriegsausbruch wohlpräpariert. Verwirrung und Korruption sind für sie die bequemeren und wirksameren. Die deutsche Sozialdemokratie hat deren Anwendung nur allzu leicht gemacht.

Der Kampf um das Kriegsziel

Die Kampagne auf Freigabe der Erörterung über den Frieden ist ein typisches Beispiel dafür, in welch romantischer Maskerade und mit wie gleisnerischer Gebärde materielle Interessen politisch auftreten können. Diese Kampagne setzt ein mit einem schwungvollen Kampf gegen die Zensur. Zeitweilig erstrebte sie den Eindruck, als verfechte sie auch Bewegungsfreiheit für die Friedenspropaganda. Sie gab sich den Anschein einer unparteiischen Aktion für die Menschenrechte aller erdenklichen Auffassungen über die Gestaltung des künftigen Friedens. Wenn sie ganz unverhüllt ihr »Kriegsziel«, ihren annexionshetzerischen Sinn offenbarte, kehrte sie den Spieß unverfroren um, beschuldigte die Behörden unter ohrenbetäubendem Gezeter der Parteilichkeit zugunsten der Annexionsgegner und heischte in edlem Abscheu gegen ungerechte Unterdrückung pathetisch gleiche Freiheit für die Annexionsraserei. Dass sie nur dem engelsreinen Zweck diente, dem ganzen deutschen Volke die ihm nach seiner glänzenden Kriegsleistung gebührende Mitwirkung bei der Friedensgestaltung zu sichern, versteht sich am Rande.

Die Gestaltung des Krieges ist nicht nur militärtaktisch bedingt, sondern in hohem Maße auch politisch-strategisch, und die Gestaltung des Friedens ist keineswegs eine Aufgabe, die erst nach Abschluss der kriegerischen Operationen auftaucht. Die Kampagne wegen der Friedenserörterung hat sich so ganz folgerichtig zu einer Kampagne wegen des Kriegszieles zugespitzt.[14]

Der Kampf um die Erörterung des Kriegszieles ist ein Teil des Kampfes um die Durchsetzung der Eroberungspolitik gegen alle Widerstände und ein Stück des Kampfes zwischen den verschiedenen kapitalistischen Fraktionen um das spezielle Objekt der Eroberungspolitik. Dass sich dieser Kampf zum Teil gegen die Regierung richtet, ist die notwendige Folge der Tatsache, dass die formell leitenden

---

14 Worum es sich hierbei dreht, enthüllt sehr deutlich die (zustimmend am 24. Februar von der »Post« abgedruckte) »Tägliche Rundschau« vom 23. Februar 1915, die sich auf die Ballin, Kirdorf-Gelsenkirchen, Klöckner-Duisburg, Hirsch-Essen, Freiherr von Zedlitz-Neukirch, von Heydebrand beruft, also auf Vertreter des Reedereikapitals (Calais, Antwerpen), der Schwerindustrie und des agrarischen Junkertums, die Annexionen in Europa begehren; und die dann auftrumpft: Es sei doch kein Glaubensdogma, »dass man allein in der Wilhelmstraße und bei der Großfinanz über die Wünsche und Hoffnungen des deutschen Volkes richtig und ausreichend unterrichtet ist«. Die »Großfinanz«, das heißt hier besonders die Deutsche Bank, deren Expansionsinteressen sich weniger auf Europa als auf Asien, Kleinasien und Afrika konzentrieren, und die doppelt

Männer der Regierung unter dem starken Einfluss gewisser Interessengruppen, vor allem der Hochfinanz, stehen.

Es handelt sich um denselben Kampf, der in anderer Form sich im August gegen die »sanftmütige«, »schwächliche« Haltung der Regierung in Bezug auf Belgien abspielte. Die »Tägliche Rundschau« und die »Post«, die lautesten Rufer im Streite um das Kriegsziel, schleuderten damals, unter dem Belagerungszustand und dem Burgfrieden, scharfe Anklagen gegen die Regierung, deren zweites Ultimatum an Belgien sie schlimmer als eine verlorene Schlacht nannten, und gegen die sie unverblümt an die Militärgewalt, die Militärpartei appellierten.

Vom Kriegsziel des Sozialismus

»Ziel der Sicherung«

Die Fraktionserklärung vom 4. August 1914 wünscht Frieden, »sobald das Ziel der Sicherung erreicht« ist.

Der Sicherung wessen? Nur des Territoriums und der staatlichen Unabhängigkeit oder außerdem des vom Kapital für erforderlich gehaltenen Spielraums für weltwirtschaftliche Entfaltung des Deutschen Reiches? Und welcher Spielraum nach Art, Richtung und Größe wäre das? Kann dieser Spielraum ohne Eroberung, ohne Vergewaltigung anderer Völker erzielt werden? Wenn nicht, so müsste die Sozialdemokratie die darauf gerichtete Politik bekämpfen. Wir sind hier bereits mitten auf dem Felde des Imperialismus, der nicht »friedlich« ist, aber selbst wenn er der äußeren Form nach »friedlich« wäre, der Antipode des Sozialismus bliebe.

Der Sicherung wodurch? Mit welchen Mitteln? Etwa militaristischen? Hier scheiden sich Sozialismus und Imperialismus von vornherein wie Feuer und Wasser. Für den Sozialismus kommt nicht Sicherung durch Waffengewalt, durch »strategisch günstige Grenzge-

---

einflussreich ist, seit sie in der Person ihres Direktors Helfferich, des neuen Finanz-Staatssekretärs, ganz förmlich ein wichtiges Stück der Regierungsmacht direkt in die Hände genommen hat.

staltung« und Ähnliches in Betracht; die spezifische Sicherungskraft des Sozialismus ist die wirtschaftliche und allgemein kulturelle Völkersolidarität, die internationale Verbrüderung der Arbeiterklasse. Nur dieses Sicherungsmittel erkennen wir als Sozialisten an, nur für seine Anwendung können wir uns einsetzen. Alle anderen Sicherungsmittel liegen außerhalb des Bereiches jeder proletarischen sozialistischen Politik, wenn sie nicht gar dieser Politik schroff widersprechen.

Das Ziel solcher sozialistischen Sicherung kann aber nie durch den Krieg erreicht werden, sondern nur durch sozialistische Propaganda, durch internationalen Klassenkampf, durch Zusammenwirken des Proletariats aller kriegführenden Länder. Also nicht durch Unterstützung des Krieges, sondern durch seine Bekämpfung.

Damit erledigt sich der von der bürgerlichen Presse mit Genugtuung aufgegriffene Artikel des Genossen Schöpflin vom Januar 1915 (Chemnitzer »Volksstimme«).

Prinzip für die sozialdemokratische Taktik im Kriege

Der Krieg ist die Fortsetzung der (»friedlichen«) Politik mit anderen Mitteln; das gilt nach dem nachgerade totgehetzten Wort von der Staatenpolitik. Hat es nicht auch – analog – Geltung für die Politik der Parteien? Für die der herrschenden Klassen ist das ohne Weiteres klar; sie verfolgen im Krieg mit anderen Mitteln ihre Ziele konsequent weiter. Kann aber die Politik des Proletariats im Kriege einfach aufhören oder außer jedem organischen Zusammenhang stehen mit seiner Politik in Friedenszeit? Kann sie eine davon wesensverschiedene sein? Keineswegs. Auch hier ist Kontinuität geboten, sonst verliert die proletarische Politik im Frieden ihre innere Notwendigkeit, ihren Sinn, ihre Kraft. Das trifft zu auf den Klassenkampf im Allgemeinen; vor allem auf die Stellung des Proletariats zum Kriege. Die Politik der Sozialdemokratie in Bezug auf den Krieg muss während des Krieges die konsequente Fortsetzung sein der Politik, die sie in der Friedenszeit gegenüber dem Kriege verfolgt. Nicht aber darf sich ihre antimilitaristische und antiimperialistische Friedenspolitik bei Kriegsausbruch verwandeln in eine promilitaristische und proimperialistische Politik, die Politik des

Klassenkampfes in eine Politik der Klassenharmonie. Die Lehre: »Wir bekämpfen den Krieg, wenn er aber einmal da ist, geben wir unsere Opposition gegen ihn auf und machen ihn mit«, heißt: die Friedens- und Kriegspolitik grundsätzlich auseinanderreißen. In Wahrheit zeigt eine solche Diskontinuität der politischen Haltung in den beiden Fällen, dass entweder die Haltung im Kriege oder die im Frieden falsch ist, sofern man nicht die Inkonsequenz zum Prinzip erheben will.

So stellt sich die Frage:

Haben wir die Verhältnisse, die zum Krieg getrieben haben, vor dem Kriege falsch beurteilt? Oder sind neue entscheidende Umstände eingetreten, die unsere frühere Auffassung als irrig erwiesen? Niemand wird diese Frage bejahen können. Es ist vielmehr offenbar, dass der Weltkrieg, wie er ist, genau eben derjenige Weltkrieg ist, den wir voraussahen und im Voraus bekämpften. War also unsere frühere Opposition gegen diesen Krieg von klarer Erkenntnis aller Zusammenhänge getragen, so liegt kein Grund vor, sie zu verlassen; verlassen wir sie dennoch, so müssen wir uns wohl oder übel gefallen lassen, dass man unsere frühere Haltung als verkehrt oder als nicht ernsthaft, als Scheinopposition betrachtet, eine Schlussfolgerung, die denn auch mit vollem Recht gezogen worden ist. Aus ihr leiten die herrschenden Klassen die berechtigte Erwartung nach einer Neuorientierung der künftigen sozialdemokratischen Friedenspolitik her, und deren innere Notwendigkeit spiegelt sich auch in den Vorsätzen und Zukunftsplänen der konsequenten Mehrheitspolitiker der Sozialdemokratie. Hier gibt's in der Tat nur ein Entweder-oder! Entweder Opposition vor und nach Kriegsausbruch oder nationalliberale Regierungspolitik vor und nach Friedensschluss.

Der Krieg kann riesige Umwälzungen bringen, auf allen Gebieten, auch solche, die dem Proletariat günstig sind, ohne dass ihn das Proletariat darum als Mittel zu solchen Umwälzungen wollen kann. Der Krieg, wenn er da ist, kann *in thesi* in verschiedenen Richtungen verlaufen, von denen die eine günstiger für die proletarische Bewegung sein würde als die andere. Soll und kann sich darum die proletarische Politik dahin k o n z e n t r i e r e n, ihn auf eine bestimmte günstige Richtung zu drängen? Dass sie a u c h in diesem Sinne sich betätigen soll und vielleicht sogar – im Wege der Oppositionspolitik – einigen Einfluss darin üben kann, ist natürlich außer Zweifel. Die Frage selbst aber ist zu verneinen; aus zahlreichen Gründen. E r s t l i c h ist es unmöglich, sich so zu konzentrieren, ohne zugleich für den Krieg selbst einzutreten, jede positive Mitwirkung in dieser Art wird stets in ein positives Eintreten für den Krieg umgeschmolzen, und alle Vorbehalte werden zur Dekoration, was das Erstgeburtsrecht des Sozialismus schließlich doch um ein Linsengericht verkaufen hieße. W e i t e r : Es ist keineswegs möglich, alle die Möglichkeiten des Kriegsausganges erschöpfend und klar zu überschauen, speziell in Bezug auf ihre Nützlichkeit für die Arbeiterbewegung. Von den verschiedenen Ländern aus wird die Antwort auch leicht recht verschieden ausfallen, das Ergebnis wäre keine gemeinsame internationale Aktion, sondern internationale Zersplitterung und eine phantastische Konjekturalpolitik dazu. S o d a n n : Die zivile und die militärische Regierung verfolgen ihre Pläne, die Pläne der herrschenden Klassen gerade im Kriege unter den für sie und ihre unkontrollierbaren Machenschaften denkbar günstigsten Umständen; eine Kontrolle und Beeinflussung der Kriegspolitik durch »positive« Einwirkung auf die Regierung ist unter den in Deutschland herrschenden Verfassungszuständen noch aussichtsloser, als eine Kontrolle und Beeinflussung der auswärtigen Politik im Frieden bekanntlich war. Und s c h l i e ß l i c h : Alle möglichen Lösungen des Kriegsrätsels sind in einem imperialistischen Kriege imperialistisch, Lösungen der militaristischen Vergewaltigung, unter den es für die Sozialdemokratie keine gibt, für die sie eintreten könnte.

Wohl hat die Sozialdemokratie ihren Einfluss für eine dem internationalen Proletariat möglichst nützliche oder möglichst wenig schädliche Lösung einzusetzen. Dazu hat es aber nur e i n e Kraft, die Kraft des Klassenkampfes. Außerhalb des Klassenkampfes ist das Proletariat machtlos; rücksichtslos geführter Klassenkampf, rückhaltlose Opposition kann ihm allein den überhaupt möglichen Einfluss auch auf die Kriegsgestaltung, auf das Kriegsziel verschaffen.

Die geschichtliche Funktion des Proletariats im Kriege ist nicht das Eintreten für den Krieg, die Schürung des Völkerhasses, die Stärkung der Kriegsbegeisterung, sondern der Widerstand gegen den Krieg, die Propaganda der internationalen Solidarität, die Verschärfung des Klassenkampfes.

Kurzsichtigkeit nur kann die Haltung der Sozialdemokratie im Kriege von der jeweiligen militärischen Situation abhängig machen wollen. Eine feste, klare, konsequente Haltung ist so nicht möglich, sie kann nur auf dem festen Boden einer klaren, prinzipiellen Auffassung erwachsen. Ein festes Orientierungsprinzip ist nötig, und das kann nur der geschichtliche Charakter des Krieges sein. Dieser Charakter aber ist der imperialistische, der des kapitalistischen Eroberungskrieges.

Dieses Wesen des Krieges kann das Proletariat nicht willkürlich verändern; es besitzt ja, wie gezeigt, kaum die Macht, auf das imperialistische Kriegsziel nennenswert einzuwirken.

Auch von dem Einfluss des Proletariats auf die Beendigung des Krieges gilt das Gesetz: Nur im Klassenkampf ist er möglich. Jede Friedensaktion der Sozialdemokratie – gleichviel welcher Art – wird nur so viel Macht besitzen, wie sie internationales Echo erweckt, und dieses internationale Echo wird stets nur so stark sein wie die revolutionäre Kraft, von der sie getragen wird. Die Sozialdemokratie jedes Landes aber hat das Recht, im Namen der Internationale zu sprechen, und die Möglichkeit, international zu wirken, sobald sie sozialistisch redet und sobald sie sozialistisch kämpft gegen Militarismus und Kapitalismus.

Karl Liebknecht.

Anhang:
I. Betrachtungen und Erinnerungen aus »großer Zeit«
(Geschrieben in der Untersuchungshaft Moabit 1916)

1. Von den Kreditabstimmungen

Zum 4. August

Heute ist es nur bei Anspannung aller Gedächtniskraft möglich, sich in die taktische Lage zurückzuversetzen, die am 4. August 1914 für die Fraktionsmitglieder von der Minderheit bestand. Der Abfall der Fraktionsmehrheit kam selbst für den Pessimisten überraschend; die Atomisierung des bisher überwiegenden radikalen Flügels nicht minder. Die Tragweite der Kreditbewilligung für die Umschwenkung der gesamten Fraktionspolitik ins Regierungslager lag nicht auf der Hand: Noch bestand die Hoffnung, der Beschluss vom 3. August 1914 sei das Ergebnis einer vorübergehenden Panik und werde alsbald korrigiert, jedenfalls nicht wiederholt und gar übertrumpft werden. Aus diesen und ähnlichen Erwägungen, allerdings auch aus Unsicherheit und Schwäche, erklärt sich das Misslingen des Versuchs, die Minderheit für ein öffentliches Separatvotum zu gewinnen. Nicht übersehen werden darf dabei aber auch, welche heilige Verehrung damals noch der Fraktionsdisziplin entgegengebracht wurde, und zwar am meisten vom radikalen Flügel, der sich bis dahin in immer zugespitzterer Form gegen Disziplinbrüche oder Disziplinbruchsneigungen revisionistischer Fraktionsmitglieder hatte wehren müssen. Ein Separatvotum war eine in der Geschichte der deutschen Reichstagsfraktion seit Menschengedenken unerhörte, bei der damaligen parlamentarischen Durchschnittspsychologie schlechthin unfassbare Sache. Nach aller

Überlieferung gab es nur ein Mittel, seine von der Mehrheit abweichende Meinung zu vertreten und nach Kräften zur Geltung zu bringen: den Kampf in der Fraktion. Dass deren Mehrheitsentscheidung zu respektieren sei, galt als ausgemacht; süddeutsche Vorgänge hatten diese Psychologie wenigstens für die Reichstagsfraktion nicht erschüttert, gerade bei den Radikalen sogar befestigt. Und diese Disziplin wurde rein formell-organisatorisch aufgefasst. Das praktische Verständnis für ihre notwendigen Grenzen war völlig unentwickelt. Noch andere Gesichtspunkte spielten eine Rolle: Haase hatte sich auf Drängen gerade bisher als radikal geltender Genossen – Hoch, Kautsky usw. (vor dem 2. Dezember wiederum besonders Hilferding) – zur Verlesung der Erklärung im Plenum bestimmen lassen: Die Abstimmung der Fraktion darüber wurde bei der Verwirrung der Gemüter gar als eine Kraftprobe zwischen dem »radikalen« (dessen völlige Zerstörung man noch nicht begriff) und dem revisionistischen Flügel, und das Ergebnis dieser Abstimmung als ein Erfolg des ersteren aufgefasst: Man gönnte dem revisionistischen Flügel die Vertretung der Fraktion auch bei dieser Gelegenheit nicht; der »radikale Flügel« scheute das öffentliche Hervortreten seiner Niederlage, seiner Sprengung, seiner Vernichtung. Die Aufrechterhaltung des Wahns von seiner Fortexistenz nach dem Tode war sein letzter Ehrgeiz.

Manche meinten auch: Der Gegensatz in der Fraktion werde doch bekannt werden (man war ja an die Zensur noch nicht gewöhnt!) und dass innere Gewicht der Fraktionsabstimmung klarstellen; die Abtrennung einiger weniger von der Fraktion im Plenum werde das Gewicht der Übrigen nur erhöhen.

Auch in Bezug auf die Technik der Separatabstimmung fehlte jede klare Vorstellung und Übung.

Zum Verständnis der sich kreuzenden Erwägungen, die auch verhinderten, dass ich mich am 4. August im Plenum des Reichstags als Einzelner von der Fraktion trennte, dient die Tatsache, dass Rosa Luxemburg mir am 1. Dezember die Botschaft überbrachte, sowohl Mehring wie Karski rieten mir, falls ich allein bliebe, von einem Separatvotum für den 2. Dezember ab.

Nach alledem ist zu begreifen, dass noch am 4. August, wenigstens für die nicht in württembergischen Erfahrungen Bewanderten, alles, was gegen die Kreditbewilligung getan werden konnte, ihre Bekämpfung in der Fraktion zu sein schien, ein Standpunkt, über den die Stuttgarter Opposition allerdings damals bereits hinausgewachsen war. So kam es, dass die Fraktionsopponenten am 4. August 1914 im Plenum Fraktionsdisziplin übten.

Die Vorgänge in der Partei, die sich nach dem 4. August abspielten, klärten die Situation gründlich, und wiesen den einzig möglichen Kurs der Opposition.

Auch ich beschränkte mich unter diesen Umständen bei der ersten Kreditvorlage auf ihre Bekämpfung in der Fraktion, ohne zunächst – aus vielen Gründen – noch war der innere Zusammenbruch der Partei nicht klar zutage getreten, noch schien ein Einzelfall der Verirrung vorzuliegen, die Fraktionsdisziplin wurde damals auch von mir hochgestellt – den Kampf auch ins Plenum des Reichstags zu tragen. Im Dezember ging ich dann, die programmzerstörende Fraktionsdisziplin zum Teufel jagend, zur öffentlichen Ablehnung der Kredite im Plenum des Reichstags über.

Kredit- und Budgetabstimmung

Am 2. Dezember 1914 stimmte ich im Plenum gegen die Kreditvorlage. Im März 1915 schloss sich Rühle mir bei der Abstimmung gegen das Budget, das die 3. Kreditvorlage enthielt, an, aber – nach seiner an den Fraktionsvorstand gerichteten schriftlichen Motivierung – nur, weil es sich um das Budget handle, zu dessen Ablehnung er durch Parteitagsbeschlüsse verpflichtet sei. Im August 1915 – bei der 4. Kreditvorlage – blieb ich wiederum allein – Rühle hatte die Abstimmung aus äußeren Gründen versäumt und erklärte in der Presse, dass er, wenn anwesend, gegen die Kredite gestimmt haben würde. Im Dezember 1915 – bei der 5. Kreditvorlage – folgte die Aktion der Dezembermänner.

Vor und nach dem 2. Dezember 1914

Im November 1914 hatte ich eine ausführliche Darlegung (»Thesen«) für ein Separatvotum ausgearbeitet, die ich den andern 13 der Fraktionsminderheit vom August 1914 und einigen weiteren Fraktionsmitgliedern übersandte. In persönlichen Besprechungen (wie ich sie auch Mitte September in mehreren Orten (u.a. Nürnberg) hatte) mit Henke (Stendal), Bock (Gotha), Albrecht (Halle), Geyer (Leipzig), Rühle und Vogtherr (Dresden) sicherten Henke, Bock, Rühle, Vogtherr auf das Bestimmteste zu, die nächsten Kredite zu verweigern. Rühle versprach das auch für den Fall, dass er mit mir allein bleiben würde, Albrecht verhielt sich ablehnend, Geyer zweifelhaft. Herzfeld erklärte sich bei einer Rücksprache in meiner Wohnung gleichfalls für ein Separatvotum, wollte jedoch zuvörderst noch mit Ledebour reden. Ledebour, den ich aufsuchte, verhielt sich gegen mein Votum (Thesen) von vornherein kritisch. Lensch, der inzwischen seine berüchtigten Artikel in der Frankfurter »Volksstimme« verbrochen hatte, schrieb mir eine eigenartig verklausulierte Absage.

Am Abend vor der Fraktionssitzung fand die Zusammenkunft bei Ledebour statt, an der Albrecht, Bock, Geyer, Henke, Herzfeld, Kunert, Ledebour, Lensch, Liebknecht, Vogtherr teilnahmen, und der ich die der folgenden Fraktionssitzung unterbreitete Erklärung als Vorschlag vorlegte. Ledebour lehnte diese Erklärung und ihren Gedankengang ab, bestritt, dass es sich um eine prinzipielle Frage handle, und schlug vor, so zu prozedieren, wie er es dann in der Fraktionssitzung tat. Diese Auffassung wurde von allen Übrigen bekämpft. Lensch meinte, die Kreditablehnung halte er zwar nach wie vor für richtig; nachdem aber durch den Augustbeschluss der Fraktion eine bestimmte politische Situation geschaffen sei, bleibe nichts übrig, als diese Situation von nun an zur Grundlage zu nehmen, worauf ihm erwidert wurde, er scheine sich die Konsequenz der Anschauungen und Handlungen – anderer zur Aufgabe zu machen.

Die Übrigen – außer Lensch und Ledebour – bezeichneten die Kreditablehnung als prinzipielle Pflicht. Nachdem sich die meisten anfangs für ein Separatvotum ausgesprochen hatten, wurde von Geyer und dann auch von Bock die Bereitschaft dazu davon abhängig gemacht, dass wenigstens 15 Mann daran teilnehmen würden. Dies war das Signal auch für alle Übrigen – außer Henke und mir – den Plan fallen zu lassen. Die Besprechung nahm plötzlich ein chaotisches Ende. Meine beträchtlichen Hoffnungen waren zerschlagen. Verzweifelte Versuche, einige Trümmer zu retten, misslangen.

An den Tagen der Fraktionssitzungen bemühte ich mich in stundenlangen Zwiegesprächen mit Herzfeld, Henke, Rühle. Mein letzter Mohikaner war Henke, mit dem ich am 30. November frühmorgens unter Radeks, als seines Mitarbeiters, Zuziehung im Café Fürstenhof nochmals weitläufig konserierte[15] – das Ergebnis war der im Klassenkampf erwähnte Antrag, den Henke dann in der Fraktion stellte und – wieder fallen ließ.

In der Fraktionssitzung bekämpfte u.a. Haase die Zulassung eines Separatvotums, so wie Hilferding Haase zur Abgabe der Erklärung vom 2. Dezember beredete, weil die Haupteigenschaft des Parteiführers – Nachgiebigkeit im rechten Momente sei. Haase und Kautsky suchten mich noch in persönlichen Besprechungen von dem Entschluss zu einem Separatvotum abzubringen. Nur Bernstein stimmte mir privatim zu.

Nach dem 2. Dezember wurde ich von Genossen der Fraktionsminderheit vielfach heftig angegriffen, besonders von Ledebour. Aber auch von Henke und Rühle, die mir geradewegs Vorwürfe machten und den Vorwurf des Herostratentums gegen mich aufnahmen.

Die Wandlung Rühles zu dem Entschluss, im März gegen das Budget zu stimmen, dürfte auf die erste Reichskonferenz der Opposition zurückzuführen sein (Anfang März oder Februar 1915 in Steglitz), in der ihm scharf zugesetzt wurde.

Vom März 1915

Bei einer Besprechung der Fraktionsminderheit, zu der auch einige süddeutsche »Radikale« – bisher Kreditbewilliger (z.B. Hoffmann-Kaiserslautern, Hierl) – zugezogen waren, wurde mitgeteilt, dass einige

---

15 Anm. des Verlags: Eventuell ist im Original »konferiert« gemeint.

30 Fraktionsmitglieder bereit seien, sich bei der Budgetabstimmung aus dem Saale zu entfernen. Ich wurde kategorisch aufgefordert, mich diesem Verfahren anzuschließen; unter keinen Umständen dürfte ich wieder im Saal bleiben und gegen die Kredite stimmen; das hieße, die geplante machtvolle Kundgebung durch Eigenbrötelei usw. stören. Einige – die süddeutschen – Genossen würden auch nur dann den Saal verlassen, wenn – ich mit hinausginge; andernfalls würden sie im Saale bleiben und für das Budget stimmen.

Ich lehnte das Ansinnen entschieden ab; diejenigen, die ihr Verhalten so wie beschrieben von dem meinigen abhängig machten, seien Fallobst der Opposition, auf die Rücksicht zu nehmen sich von vornherein verbiete; man möge mit mir im Saal bleiben und gegen das Budget stimmen; keinesfalls würde ich für die Lächerlichkeit des Hinauslaufens zu haben sein. Haase meinte, wenn man sich dem Vorschlag fügte, würde es überall heißen, die Übrigen seien mir gefolgt. Ich entgegnete, derlei Gerede sei mir gleichgültig; es komme darauf an, das politisch Richtige und Notwendige zu tun. Geyer betonte erregt, nun ziehe er seine Hand von mir, das Tischtuch sei zerschnitten usw.

Die süddeutschen »Radikalen« stimmten dann tatsächlich für das Budget, weil ich – dagegen stimmte.

Um den 21. Dezember 1915

Während sich im August 1915 mein Kampf mit der Fraktionsopposition um meine Friedensanfrage vom 31. Juli gruppierte, spitzte er sich im Dezember wieder bei der Kreditfrage zu, allerdings unter den Auspizien meines Anfragenfeldzugs.

Da es mir richtig schien, die »Opposition«, wenn sie ernste Initiative zeigen würde, zu unterstützen – ohne mich natürlich zu binden oder hemmen zu lassen –, unterschrieb ich – trotz schwerer Bedenken und erst nach Zureden Ernst Meyers in der Redaktion des »Vorwärts« – die bekannte Erklärung, deren Veröffentlichung durch die Zensur vom 9. Dezember verhindert wurde: Bei der bisherigen Leichenfäule der Opposition schien sie mir – als erste öffentliche Kampfansage an die Fraktionsmehrheit – immerhin der Anfang eines aus

Verwesung sprießenden Lebens werden zu können; trotz verschiedener auch prinzipieller Kaum-Erträglichkeiten. Diese Haltung wurde
auch von Mehring und Karski ausdrücklich gebilligt.

Mehrere Tage vor dem 21. Dezember beschloss die Opposition,
diesmal im Plenum gegen die Kredite zu stimmen. Haase, Ledebour,
ich wurden mit Ausarbeitung einer Erklärung betraut. In diesem Kol-
legium suchte ich eine scharfe prinzipielle Fassung zu erzielen. Vergeblich. Ledebours Entwurf wurde zugrunde gelegt, prinzipiell sehr
bedenkliche Wendungen aufgenommen (von der Sicherung unserer
Grenzen usw.). In der Sitzung der Gesamtopposition vom 19. Dezember bemühte ich mich, die Streichung dieser Sätze zu erzielen, ohne
jedoch Erfolg zu haben, da einige, z.B. Wurm und Dittmann, erklärten, ihre prinzipielle Stellung zur Landesverteidigung sei noch die
frühere bejahende, sie müssten auf einer Begründung bestehen, die
mindestens auch in ihrem Sinne zu deuten sei. Schließlich wurde
beschlossen, den ganzen Entwurf nach den verschiedenen Anregungen nochmals durchzuarbeiten und am nächsten Tage zu beraten.

Nun folgte ein Ketzergericht. Es war bekannt geworden, dass ich zwei
neue Anfragen – wegen der armenischen Gräuel und wegen der Lage
der Zivilbevölkerung in den besetzten Gebieten – gestellt hatte. Voller Entrüstung wurde diese Eigenmächtigkeit (gegen wen?) gegeißelt.
Wurm erklärte, jetzt sei es klar, dass mein Auftreten nur durch persönliche Eitelkeit diktiert sei. Einer übertraf den andern in der Heftig-
keit der Vorwürfe gegen mich. Die Anfragen würden am Beginn der
Sitzung vom 21. Dezember, d.h. derselben Sitzung, die die Haupt-
und Staatsaktion des Separatvotums bringen werde, zur Verhandlung
kommen und den ganzen Eindruck zerstören. Von allen wurde die
sofortige Zurückziehung der Anfragen verlangt. Worauf ich bemerkte:
ob sie denn so wenig Zutrauen zu ihrer großen Aktion hätten, dass
sie fürchteten, meine Anfragen könnten sie verdunkeln oder zunichte
machen?! Dieses Vorgehen gegen mich sei ein Armutszeugnis. Ich
würde meine Anfragetaktik keinesfalls aufgeben, doch sei ich bereit,
ihnen den 21. Dezember völlig zu überlassen und die Anfragen auf die
nächste Sitzung zu verschieben.

Haase erwiderte kategorisch: Das genüge nicht, ich müsse die
Anfragen dauernd zurückziehen.

Auf Antrag Wurms und Geyers wurde beschlossen: Wenn ich bis zum folgenden Morgen die Anfragen nicht vorbehaltlos zurückziehen würde, solle ich künftig zu den Sitzungen der Fraktionsopposition nicht mehr hinzugezogen werden und an der gemeinsamen Erklärung vom 21. Dezember nicht teilhaben dürfen.

Für diesen Antrag stimmten alle Anwesenden, auch Rühle und Henke – nur Ledebour und Herzfeld enthielten sich.

So begann die Arbeitsgemeinschaft schon als Fötus zu – exkommunizieren. Ihre erste Tat, noch ehe sie ihre historische Laufbahn begonnen hatte, war meine Ausschließung!

– Ich hatte natürlich keinen Anlass, mich dem tyrannischen und sachlich törichten, nur die innere Unsicherheit verratenden Verlangen zu fügen, sondern tat, was ich für zweckmäßig hielt – verschob die Anfragen und erklärte am nächsten Tag dem Genossen Herzfeld, der mich umzustimmen suchte, und dem Genossen Rühle, dem ich mich bemühte, meine politische Auffassung auseinanderzusetzen, dass ich im Grunde sehr zufrieden sei, auf diese Weise aller Verantwortung für die zu erwartende Abstimmungsbegründung enthoben zu sein.

An einer weiteren Sitzung der Opposition nahm ich nicht teil.

Zu meinem Erstaunen gab Haase dann die Erklärung doch auch in meinem Namen ab, und zwar ohne dass ich von ihrer schließlichen Fassung Kenntnis erhalten hatte.

Eine öffentliche Verwahrung dagegen einzulegen, schien mir nicht am Platze. Ich meinte den Eindruck einer beabsichtigten Einspännerei vermeiden zu müssen. Ich richtete jedoch sofort am 21. Dezember an die übrigen 19 ein Schreiben, in dem ich meine Stellung zu der Erklärung präzisierte. Auf dieses Schreiben trafen Entgegnungen von Haase und Rühle ein, auf die ich replizierte – die Korrespondenz befindet sich unter meinen Papieren. Auch Henke antwortete in einem langen Brief – mit ihm besprach ich mich mündlich.

Nach dem 21. Dezember 1915

Die werdenden Arbeitsgemeinschaftler suchten nach dem 21. Dezember ihre Abstimmung nicht nur, sondern die abgegebene Erklärung (deren Schlussfassung von Haase stammt) zur Fahne und Sammelparole der Opposition zu machen. Im Schoße der gemeinsamen Sitzungen der Groß-Berliner Opposition entspann sich Ende Dezember ein hitziger Streit. Wir bezeichneten als Hauptaufgabe der Propaganda, die schweren Mängel der Aktion vom 21. Dezember zu kritisieren und die Dezembermänner mitsamt der ganzen Opposition zu einer klaren, prinzipiellen Taktik, zum entschlossenen und rücksichtslosen parlamentarischen und außerparlamentarischen Kampf auf der ganzen Linie voranzutreiben. Ledebour und andere vertraten den eingangs umschriebenen Standpunkt. Das bekannte Flugblatt war das Produkt eines Kompromisses nach endlosen Auseinandersetzungen, in denen wiederholt der Bruch unvermeidlich schien.

Im Januar 1916 befasste sich der Berliner Zentralvorstand mit dem 21. Dezember. Die Niederbarnimer legten eine Resolution vor, die die Zustimmung zur »Erklärung« vom 21. Dezember aussprach und den dahinterstehenden Abgeordneten Unterstützung verhieß. Ich beantragte, nicht die Erklärung, sondern die Kreditverweigerung als selbstverständliche Pflichterfüllung zu billigen und für die Zukunft die oben gekennzeichnete parlamentarische und außerparlamentarische Politik zu fordern.

Ich wurde unter den erstaunlichsten Begründungen von verschiedenen – privatim – bestürmt, meine Amendements fallen zu lassen (die Zensur werde ihren Abdruck doch nicht dulden; ihre zu erwartende Ablehnung werde den Eindruck der Kundgebung schwächen oder aufheben usw.). Da ich nicht nachgab, wurde mir das Wort abgeschnitten, sodass ich meine Anträge nicht mit einer Silbe motivieren konnte; dennoch erhielten sie, besonders der über die künftige Taktik, eine beträchtliche Stimmenzahl (etwa 13 und einige zwanzig): Einzelne Daten über diese Sitzung bringt ein Spartakusbrief von Ende März oder Anfang April 1916 – in Anknüpfung an den Parallelvorgang bei der Stellungnahme zum 24. März 1916 und zur Bildung der

Arbeitsgemeinschaft, wobei Rosa Luxemburg in ähnlicher Weise vergewaltigt wurde.

Nach der geschilderten Sitzung hatte ich – auf dem Wege zum Bahnhof – mit Ströbel, der mich »wütend attackierte«, einen heftigen Zusammenstoß.

Von den »kleinen Anfragen«[16]

Die erste meiner »Anfragen«, die ich beim Schippen konzipierte, schickte ich am 31. Juli 1915 unter gleichzeitiger Benachrichtigung an den Fraktionsvorstand und Ledebour, mit dem sich während meines Mai/Juni-Urlaubs ein gutes Verhältnis entwickelt hatte. Ich zweifelte damals, ob ich mit Reichstagsbeginn bei der Entfernung meines Aufenthalts in Berlin sein würde. Schon wegen dieser Entfernung kam eine vorherige Verständigung mit anderen über die Anfrage nicht in Betracht. Später wurde der Beginn der Tagung um einige Tage verschoben.

In Berlin angekommen (am 12. August), unterrichtete mich das Reichstagsbüro, Haase habe die Verschiebung der Drucklegung weiterer Geschäftsbehandlung der Anfrage bis nach einer geplanten Rücksprache mit mir veranlasst. Ich protestierte und ersuchte um sofortige Erledigung. Mehring und Duncker, mit denen ich mich kurz beriet, billigten mein Vorgehen. Von Haase erfuhr ich, dass er auf Parteivorstandsbeschluss gehandelt habe.

Bei einer Besprechung Groß-Berliner Oppositionsvertreter und auswärtiger Parteiausschussmitglieder wurden mir von mehreren, besonders Ledebour, lebhafte Vorwürfe gemacht, die sich mit denen vom Januar 1916 (vgl. Spartakusbrief) deckten. Ströbel legte sich leidenschaftlich für mich ins Zeug. – Ich bat vergeblich, sich der Anfrage anzuschließen, erklärte mich auch vergeblich bereit, die gestellte Anfrage zurückzuziehen, wenn andere bereit seien, eine inhaltlich gleiche neue Anfrage sogleich mit mir zusammen zu stellen. Die geforderte bedingungslose Zurückziehung lehnte ich ab.

---

16   Siehe S. 139 u. ff. D. H.

In der Fraktion wurde ich gleichfalls zur Zurückziehung aufgefordert und scharf angegriffen. Ledebour rückte auch hier von mir ab.

Meine sechs Anfragen vom November 1915 – von denen eine, über den Winterfeldzug, vom Präsidenten abgelehnt war – hatte ich aus Königsberg eingereicht. In Berlin erfuhr ich, dass sich das Präsidium weigerte, sie während der Vertagung des Reichstags in Geschäftsgang zu nehmen und auf die Tagesordnung der ersten Sitzung zu bringen, dass auch die eine vom Präsidenten beanstandet sei.

Ich führte aus dem Krankenhaus – Gesellschaftshaus des Westens – eine Korrespondenz mit dem Direktor und dem Präsidenten, die ich, zusammengefasst, den sämtlichen Mitgliedern des Reichstags und noch besonders dem sozialdemokratischen Fraktionsvorstand zugehen ließ. (Exemplare davon müssen sich in meinen Papieren befinden; zu der ersten Denkschrift kamen einige Nachträge – neu hinzugekommene Briefe enthaltend.)

Die Fraktion behandelte mein Vorgehen, während ich noch im Krankenhaus lag (wegen Ischias und Neuritis).

Der Fraktionsvorstand schickte Haase zu mir, um mich zur Zurückziehung zu bestimmen. Ich lehnte ab.

Darauf beschloss die Fraktion, die Verantwortung für meine Anfragen abzulehnen usw.

Das Schicksal der fünf Anfragen im Plenum, die an meine späteren Anfragen anknüpfenden Erlebnisse in der Fraktionsminderheit vor dem 21. Dezember und in der Januarfraktionssitzung, die zu meinem Ausschluss aus der Fraktion führten, sind bekannt.

Seit dem Januar wurden mir alle wesentlichen Anfragen unmöglich gemacht. Das Anfragerecht – als ernste politische Waffe – war mir vom Seniorenkonvent unter eifriger Beihilfe der Fraktionsmehrheit und Förderung durch die Fraktionsminderheit aus der Hand geschlagen.

Auch nicht bei einem Fraktionsmitglied, auch nicht bei Rühle, fand ich die geringste Unterstützung; allenthalben nur Ablehnung und Verurteilung.

Im Plenum wurde mir bei der infamen Behandlung der Anfragen durch Regierung, Präsidenten und Haus von der Fraktionsminderheit so wenig Unterstützung zuteil wie bei den sonstigen mechanischen, akustischen und Geschäftsordnungsinsulten, denen ich seit dem 2.

Dezember 1915 – unter hervorragender Mitwirkung von Mehrheits-
genossen – im Hause ausgesetzt war.

Der alte Horn war der erste, der bei einer besonders pöbelhaf-
ten Lärmszene, die meine Worte ersticken sollte, einen zornigen
Zwischenruf wagte. In den letzten Wochen griff Ledebour zweimal
geschäftsordnungsmäßig für mich ein; bei den Sturmangriffen in der
Sitzung vom 8. April traten Arbeitsgemeinschaftler den Angreifern
entgegen.

Protest vom 9. Juni 1915

Die Fraktionssitzungen der Maitagung 1915 endeten mit einer solchen Steigerung der Korruption der Mehrheitspolitik, die sich immer
mehr und immer ungenierter zur reinen Kriegervereinspolitik entwickelte und im Fahrwasser der immer offenherziger annexionistischen
Regierung segelte, dass sich nach der letzten Fraktionssitzung (auf
meine Anregung) eine größere Anzahl oppositioneller Fraktionsmitglieder versammelte, um sich über eine Gegenaktion zu beraten. Der
Vorschlag, einen gemeinsamen Protest zu veröffentlichen, wurde als
die gefürchtete »Spaltung« bekämpft – nur Henke und ich beharrten
bei ihm. Ein anderer Vorschlag, einen Protestbrief an den Fraktionsvorstand zu richten, wurde abgelehnt, weil auch da die Gefahr der
Veröffentlichung bestehe. Auch die Idee eines solchen mit allen Kau-
telen der Geheimhaltung zu umgebenden Briefes fand keine Gegen-
liebe. Wieder erwies sich die Fraktionsminderheit als ein Korb voll
Flöhe.

In den ersten Tagen des Juni erfolgte eine neue skandalöse Gewerk-
schaftskundgebung, die einer Anzahl der Genossen (Meyer, Ströbel,
Karski, Duncker, ich) Anlass gab, eine Kundgebung zu arrangieren.
Ich fertigte einen Entwurf, der Ströbel zu scharf war, da er auf Hin-
zuziehung von Kautsky, Bernstein und anderen bestand. Er machte
einen Gegenentwurf, von dem einiges in meinen Entwurf übernommen wurde. Ich legte diesen Entwurf Bernstein vor, der sich Bedenk-
zeit erbat und später absagte, das »Gebot der Stunde« keimte auf.

Am 9. Juni wurde in meiner Wohnung die letzte Hand angelegt. Anwesend waren außer den Genannten: Mehring – der natürlich auch vorher bereits zu Rate gezogen war –, Laukant, Laufenberg – der zufällig nach Berlin und in meine Hände geraten war –, Ledebour, der erst am Tag vorher den Entwurf zugesandt erhalten hatte. Ledebours Bemühung, die Angriffe auf die Politik des 4. August zu Falle zu bringen, scheiterte. Er fügte sich schließlich. Es wurden nur wenige geringfügige Änderungen vorgenommen. An den folgenden Tagen versandten Duncker und ich Tausende von Abzügen und Abdrücken an fast alle Partei- und Gewerkschaftsfunktionäre Deutschlands: Der Plan, die Protestbewegung auf so breite Basis zu stellen, wurde von Duncker und mir im Beginn der Versendungsarbeit gefasst.

Herzfelds Adresse – die bekanntlich durch ein Parteiblatt der Mehrheit denunziert wurde – war eine von mehreren für die Übersendung der Unterschrift aufgegebenen Rückadressen. In Herzfelds Büro stellte ich die ersten Unterschriften zusammen, die ich dann sukzessiv dem Parteivorstand schickte.

Der Erfolg war bekanntlich etwa tausend Unterschriften von Funktionären. Der Protest mit den Unterschriften wurde dann in vielen Tausenden von Exemplaren verbreitet.

Wenn es in dem vom Parteivorstand herausgegebenen »Material zur Fraktionsspaltung« (April 1916), Seite 1, heißt: Bei der Herausgabe des Unterschriftenflugblatts vom 9. Juni 1915 seien besonders Herzfeld und Ledebour als Akteure aufgetreten, so ist das nach alledem unrichtig.

Preußisches

Nach der Hurrasitzung des Reichstags vom 4. August sollte am 22. Oktober eine Hetz- und Hurrasitzung des Landtags folgen. Einige Tage vorher trat die preußische Landeskommission (preußischer Parteiausschuss) zusammen, um die verdächtige Landtagsfraktion am Zügel zu nehmen. Die Verhandlungen zeigten die Kriegs- und Regierungsbegeisterung Volldampf voraus. Mit geblähtem Stolz bekannte sich

Bauer (Generalkommission) nicht zu den Hintertreppen, sondern zu den Vordertreppen der Minister, und meinte: Nach dem Kriege würden sie schon, wenn nötig, den Klassenkampf wieder aufnehmen. Der Landtagsfraktion wurde mit großer Mehrheit »untersagt«, gegen die Politik der Reichstagsfraktion zu frondieren; selbst vom Frieden dürfe nicht geredet werden. Den ganzen Tiefstand der bornierten Kleinlichkeit zeigte ein Beschluss, der es der Fraktion förmlich verbot, meinem Vorschlag auf ein Eintreten für menschliche Behandlung der Kriegsgefangenen zu entsprechen!

Den Schluss bildete eine wütende Schimpferei Eberts gegen mich wegen meiner belgisch-holländischen Reise.

Die Mehrheit der Landtagsfraktion erachtete sich durch diese Beschlüsse der Landeskommission wenn nicht formell, so »moralisch« gebunden; dennoch wurde die Ablehnung des Etats beschlossen.

Die Ausarbeitung der Erklärung wurde Hofer, Hirsch und mir übertragen. Hirschs Entwurf, den Hofer im Wesentlichen billigte – ich war an der ersten Besprechung verhindert –, enthielt nichts von Wahlrecht usw. Ich erreichte in einer Besprechung mit Hirsch eine wesentliche Umarbeitung und Verschärfung.

Um diese Fassung entspannen sich in der Fraktion lange Kämpfe; besonders suchte die Gruppe Braun, Haenisch, Hue, Leinert den – wahrlich sanften – Friedenspassus zu Fall zu bringen.

In einer Zusammenkunft der Fraktionsführer wurde – am Morgen des 22. Oktobers – unsere Erklärung vorgelegt; die bürgerlichen Parteien forderten die Einfügung des Wortes »sicheren« hinter »baldigen« (»Friedens«). Dagegen wandte ich mich – wegen des imperialistischen Sinnes des Wortes. Die Erklärung wurde jedoch mit diesem Zusatz angenommen. Ich enthielt mich der Abstimmung.

In der Plenarsitzung trat die oppositionelle Haltung der Hälfte der Landtagsfraktion deutlich hervor. Wegen der Einzelheiten vgl. den in der »Gleichheit« erschienenen Artikel.

Den Versuchen, das erste öffentliche Hervortreten einer parlamentarischen Opposition in Deutschland, – diese Vorgänge in der Presse unter chauvinistisch-hurrapatriotischen Rodomontaden zu vertuschen, trat ich in Berichtigungen an den »Vorwärts«, die »Deutsche

Tageszeitung« und das »Berliner Tageblatt« entgegen. Diese Berichtigungen wurden in der Mehrheitspresse als Pronunziamento gegen die Reichstagsfraktion heftig angegriffen.

Miscellanea vom Reichstag und vom Parteivorstand

a) David war Ende August 1914 zu der gleichen Parteivorstandssitzung geladen wie ich (wegen der geforderten Versammlungen). Und zwar wegen seines Verlangens, dass der Parteivorstand nunmehr von der Regierung den Lohn für den 4. August, das demokratische Wahlrecht für Preußen, einheimsen sollte! Ich wurde zuerst, im Beisein Davids, abgefertigt. David ergriff sogar das Wort gegen mich und sprach sich dabei rückhaltlos mindestens für koloniale Eroberungen aus – bekanntlich hatte er bereits am 3. August in der Fraktion eine Zurückweisung österreichischer Eroberungspläne bekämpft – vgl. S. 21 Klassenkampf.

Die weitere Entwicklung der Annexionsbegeisterung in der Mehrheit – vgl. u.a. die Verhandlung über die Thesen von August 1915, Landsbergs offenes Eintreten für die Narew-Linie (Dezember 1915), die vielfachen ebenso offenen und noch viel weitergehenden Ausbrüche in Zwischenrufen usw. der Fraktionssitzungen usw. – ist hier zu übergehen; sie müsste im Zusammenhang mit der Haltung der Presse, und den Gesellschaften von 1914 und ähnlichen Gesellschaften – auch die Pikanterie der Zugehörigkeit eines Heinrich Schulz, des Leiters des sozialdemokratischen Bildungswesens, zum Gesamtausschuss des hochpatriotischen »Verbandes zur Förderung der Theaterkultur« gehört hierher – und überhaupt der gesamten offiziellen Parteipolitik – dargestellt werden.

b) Zu Scheidemanns und des Parteivorstands Entwicklung – vgl. die »Schüchternheit« der Anfänge in der Korrespondenz Klassenkampf S. 29 ff.

c) Wendel, der Kriegsfreiwillige zur Rettung der Menschlichkeit, Wels, der »missverstandene« Kriegsfreiwillige und seit dem ernüchternden Missverständnis dauernd Reklamierte; Lensch, der spätgeborene Struwe- und von Miquel-Jünger, dessen Ende nicht sein Glück als Politiker, höchstens als Streber machte; Emmel, der bombensichere Radikale von einst, der im Kriegsbeginn den moralischen Halt auch verlor und infolge des unsauberen politischen Handels im Fall Martin zur Maus der Parteivorstands-Katze wurde; Hoch, der sich vom Radikalismus zum Prototyp politisch-staatsmännischer Knochenerweichung umbildete, sind einige charakteristische Kriegsopfer aus der Fraktion. Auch Albrecht und Antrick, die, obwohl zu den Vierzehn vom 3. August gehörig, ebenso in der Schlinge der alten Fraktion geblieben sind wie Peirotes, der elsässische Nationalist, und die süddeutschen Genossen, die im März 1915 das Budget bewilligten, weil ich es ablehnte, bilden Typen aus der alten Fraktion. Über die bunte Zusammensetzung der Arbeitsgemeinschaft, die aber nicht den Rückhalt eines festen Stamms zielbewusster Mitglieder hat wie die alte Fraktion im Sinn der Mehrheitspolitik, ist in den Spartakusbriefen gehandelt.

d) Die Reklamationstätigkeit des Parteivorstandes und der Generalkommission verdient eine Spezialgeschichte.

e) Im Herbst 1914 ging das Gerücht, dass die Regierung eine besondere Flottenvorlage plane. Es war ein offenes Parteigeheimnis, dass die Mehrheit der Fraktion für ihre Bewilligung zu haben sein würde. Immerhin wollte das trotz der Kreditbewilligung vom August sehr vielen noch zweifelhaft scheinen; so wie im März 1915 trotz zweier Kreditbewilligungen sehr vielen die Budgetbewilligung undenkbar schien.

So war der Weg in den Morast der uneingeschränkten Bethmännerei, den die Mehrheit strammen Schritts verfolgte, mit Illusionen der Minderheit gepflastert.

f) Obwohl sich die Klagen über Soldatenbeschimpfungen und Misshandlungen trotz aller Bemühungen auf Hinter- und Vordertreppen immer mehr häuften, und auch die Budgetkommissionsverhandlungen vom Dezember 1914 (»freie Kommission«) und März 1915 sich wirkungslos erwiesen hatten, lehnte die Fraktion im Mai mein Verlangen nach einer öffentlichen Aussprache im Plenum ausdrücklich ab.

Charakteristisch war das Bestreben auch »sozialdemokratischer« Vertreter in der Budgetkommission (Noske, Südekum usw.), die

Berufsoffiziere von der Schuld zu entlasten, alles auf die Reserveoffiziere und Unteroffiziere abzuladen. Dass diese Mameluken auch in den berüchtigten »Kameradschaftlichkeits«-Schwindel einstimmten, nimmt nicht wunder.

g) Im Mai 1915 – nach dem Eingreifen Italiens in den Krieg – brachte Ebert es fertig, für seine Rede im Plenum ein begeistertes Lob der kriegsfeindlichen Haltung der italienischen Genossen zu präparieren. Ich geißelte dieses starke Stück nach Gebühr. Ob die Scheu vor dem mir angekündigten Protest der italienischen Genossen das schamlose Vorhaben verhinderte, ist mir nicht gegenwärtig.

h) Dass die Zusammenarbeit des Parteivorstandes und der Generalkommission mit der Regierung auch durch die Aufhebung aller Arbeiterschutzbestimmungen, durch die ungeheuer vermehrte Frauen- und Kinderarbeit, in Dauer und Intensität der Arbeit ungeheuer gesteigerte Ausbeutung, durch die zur Herabdrückung der Arbeitsbedingungen benutzte Konkurrenz der Gefangenenarbeit, und den systematischen Polen-Import, durch die gewaltsame Einschleppung und Einspannung belgischer und französischer Proletarier und auch durch den Jugendsparzwang und die anderen Methoden der wirtschaftlichen Auspressung der Arbeiterklasse nicht gestört wurde, tritt heute, nach ihrer eifrigsten Mitarbeit am Arbeitszwang-Zuchthaus-Gesetz, weit in den Hintergrund. Alles dies bedarf einer Spezialuntersuchung, die zeigen wird, wie auch hier die offizielle deutsche Sozialdemokratie von Stufe zu Stufe sank.

Kleine Anfragen
die Liebknecht im Reichstag eingereicht hatte und die im Plenum beantwortet wurden.

Am 20. August 1915:

Ist die Regierung bei entsprechender Bereitschaft der anderen Kriegführenden bereit, auf der Grundlage des Verzichts auf Annexionen aller Art in sofortige Friedensverhandlungen einzutreten?

Am 14. Dezember 1915:

Warum hat der Herr Reichskanzler dem Reichstag vor und in der Kriegssit-zung vom 4. August vorigen Jahres das am 2. August ergangene belgische Ulti-matum verschwiegen?

Am 14. Dezember 1915:

Ist die Regierung endlich bereit, die Dokumente und das sonstige amtliche und halbamtliche Material über die unmittelbare Entstehung des Weltkrieges, insbesondere

a) über die diplomatische Vorgeschichte des österreichischen Ultimatums an Serbien vom 23. Juli 1914, darunter die offiziellen und offiziösen Verhandlun-gen zwischen der deutschen und der österreichischen Regierung seit dem Morde von Sarajevo,

b) über die Vorgeschichte des Bruchs der luxemburgischen und belgischen Neutralität,

dem Reichstag und dem deutschen Volke vorzulegen?

Ist sie bereit, für die sofortige Einsetzung einer parlamentarischen Untersu-chungskommission einzutreten, die unter Kontrolle der Öffentlichkeit die Ver-antwortlichkeiten prüfen und die Verantwortlichen der Sühne zuführen soll?

Am 14. Dezember 1915:

Ist der Regierung bekannt, dass die Masse des deutschen Volkes die maß-gebende Bestimmung über die auswärtige Politik Deutschlands für sich bean-sprucht, d.h. die Ersetzung der Geheimdiplomatie durch eine unter dauernder Kontrolle der Öffentlichkeit stehende auswärtige Politik, und deren allgemeine Demokratisierung fordert?

Ist die Regierung bereit, dem Reichstag noch während des jetzigen Tagungs-abschnittes einen Gesetzentwurf vorzulegen, der diese Forderung erfüllt und die Entscheidung über Krieg und Frieden der Volksvertretung überträgt?

Am 14. Dezember 1915:

Welches Verhalten denkt die Regierung einzuschlagen gegenüber einem Frie-densvermittlungsvorschlag neutraler Regierungen, wie er jetzt von der Schwei-zer Sozialdemokratie beim Schweizer Bundesrat beantragt worden ist?

Am 14. Dezember 1915:

Welchen Begriff verbindet die Regierung mit dem Wort »Neuorientierung« der inneren Politik?

Hat sie ein konkretes Programm zu dieser Neuorientierung?

Welches ist dieses Programm im Einzelnen?

Wann gedenkt die Regierung es zu verwirklichen?

Ist die Regierung bereit, noch im Laufe des jetzigen Tagungsabschnittes oder wann sonst, die erforderlichen Vorlagen zur Demokratisierung von Verfassung, Gesetzgebung und Verwaltung des Deutschen Reichs und seiner Einzelstaaten, insbesondere zur Reform des Wahlrechts für die gesetzgebenden und Verwaltungskörperschaften und zur Demokratisierung der Wehrverfassung zu machen?

Am 14. Dezember 1915:

Weiß die Regierung, in welch schwerer wirtschaftlicher Not sich die Masse des deutschen Volkes infolge des Krieges, der Gewinnsucht kapitalistischer Interessengruppen und des Versagens der Regierung befindet?

Ist die Regierung endlich bereit, zur Steuerung dieser Not bei energischer Steigerung der allgemeinen Kriegsfürsorge ohne weiteres Zögern unter Beiseiteschiebung aller Sonderinteressen die erforderlichen Schritte zur ausreichenden Versorgung der Bevölkerung mit Lebensmitteln (Nahrung, Kleidung, Unterkunft, Heizung, Beleuchtung) zu tun, und zwar durch Regelung der Produktion nach den Interessen der Allgemeinheit, durch Beschlagnahme der Vorräte und ihre gleichmäßige Verteilung auf die Gesamtbevölkerung, so zwar, dass sie den Bedürftigen bei einfachster und weitherzigster Prüfung der Bedürftigkeit, unter scharfer Anspannung öffentlicher Mittel, aber unter grundsätzlicher Ausschaltung der Armenfürsorge auf diesem Gebiete, kostenlos oder zu leicht erschwinglichen Preisen in ausreichender Menge zur Verfügung stehen?

Am 11. Januar 1916:

Ist dem Herrn Reichskanzler bekannt, dass während des jetzigen Krieges im verbündeten türkischen Reiche die armenische Bevölkerung zu Hunderttausenden aus ihren Wohnsitzen vertrieben und niedergemacht worden ist?

Welche Schritte hat der Herr Reichskanzler bei der verbündeten türkischen Regierung unternommen, um die gebotene Sühne herbeizuführen, die Lage des Restes der armenischen Bevölkerung in der Türkei menschenwürdig zu gestalten und die Wiederholung ähnlicher Gräuel zu verhindern?

Am 11. Januar 1916:

Ist die Regierung bereit, dem Reichstag schleunigst das Material vorzulegen über die Lage der Bevölkerung in den von Deutschland besetzten fremden Gebieten, ihre Versorgung mit Lebensmitteln (Nahrung, Kleidung, Unterkunft); ihren Gesundheitszustand; ihre Rechtslage; über Zahl, Art und Grund der gegen sie von den deutschen Behörden verhängten Strafen und Vergeltungsmaßregeln; über den Umfang der an ihr vollzogenen militärischen Requisitionen und die dabei befolgten Grundsätze sowie über die Höhe der ihr, besonders der belgischen Bevölkerung, auferlegten Kontributionen?

Am 11. Januar 1916:

Ist die Regierung bereit, dem Reichstag unverzüglich das Material vorzulegen:
a) über die von den deutschen Militär- und Zivilbehörden während des Krieges aufgrund des Belagerungszustandes getroffenen allgemeinen und besonderen Maßregeln zur Aufhebung des Vereins- und Versammlungsrechts und der persönlichen Freiheit (Versammlungsverbote, Vereinsauflösungen, Eingriffe in das Briefgeheimnis, polizeiliche Überwachung des Telefonverkehrs, Verhaftungen, Haussuchungen usw.); insbesondere über die Zahl der während des Krieges ohne gerichtliches Verfahren in militärische und polizeiliche Haft (cachot) verbrachten Zivilpersonen, über Grund und Dauer dieser Haft;
b) über Zahl, Höhe und Grund der während des Krieges gegen Angehörige der Armee erkannten Strafen und über den Gefangenenbestand der Militärgefängnisse seit Beginn des Krieges?

Kleine Anfragen
die Liebknecht im Reichstag eingereicht hatte und die vom Präsidenten abgelehnt wurden[17]

Am 30. November 1915:

Der Unterzeichnete fragt den Herrn Reichskanzler:
a) Ist der Regierung bekannt, dass die Masse des deutschen Volkes in und außerhalb der Armee – ähnlich der Bevölkerung der übrigen kriegführenden

---

17 Hier zum ersten Mal veröffentlicht. D. H.

Länder – dringend fordert: dass ihr die Schrecknisse eines neuen Winterfeldzu-
ges erspart werden, und dass gegenüber diesem Ziele alle Eroberungspläne und
alle kapitalistischen Rücksichten schlechthin zurückzutreten haben?

b) Hat die Regierung bisher etwas zur Erfüllung dieser Forderung getan, und
eventuell was?

c) Ist die Regierung bereit, dieser Forderung wenigstens noch in letzter
Stunde zu genügen?

Am 18. Dezember 1915:

Der Unterzeichnete fragt den Herrn Reichskanzler:

Ist dem Herrn Reichskanzler bekannt, dass die Masse des deutschen Vol-
kes in und außerhalb der Armee – ähnlich der Bevölkerung der übrigen krieg-
führenden Länder – dringend fordert, dass den Schrecken des jetzigen neuen
Winterfeldzuges unter Beiseiteschiebung aller Eroberungspläne ohne Verzug ein
Ende gesetzt werde?

Weiß der Herr Reichskanzler, dass durch die Proklamation der Eroberungs-
politik, die am 9. d. M. in seiner Rede und der Erklärung der bürgerlichen Par-
teien erfolgt ist, im Gegensatz zu dieser Forderung der Massen die Entschlossen-
heit zur Fortführung des Krieges in den feindlichen Ländern verstärkt und die
Aussicht auf einen baldigen Frieden verringert worden ist?

Am 11. Januar 1916:

I. Der Unterzeichnete fragt den Herrn Reichskanzler:

Ist dem Herrn Reichskanzler bekannt, dass in Chemnitz wegen Beteiligung
an den dortigen Nahrungsmittelkrawallen allein während des letzten Monats
(Dezember 1915) Freiheitsstrafen von zusammen über 200 Jahren verhängt
sind?

Ist ihm weiter bekannt, dass der gesamten deutschen Presse jede Erwähnung
dieser Krawalle und jede Mitteilung über die daraus erwachsenen Strafprozesse
durch die Zensur verboten worden ist?

Ist er bereit, das Material über diese Krawalle und Prozesse und ähnliche
Vorgänge in anderen deutschen Orten dem Reichstag unverzüglich vorzulegen?

II. Der Unterzeichnete fragt den Herrn Reichskanzler:

Ist dem Herrn Reichskanzler bekannt, dass am 22. v. M. (Dezember 1915)
im Schweizer Nationalrat der Bundesrat Hoffmann im Namen der Schweizer
Regierung auf sozialdemokratische Anfrage erklärt hat, dass die Schweizer

Regierung grundsätzlich gewillt ist, als Friedensvermittlerin aufzutreten, dass sie dazu jedoch bisher nicht habe schreiten können, weil bei den Kriegführenden das erforderliche Friedensbedürfnis noch fehle? Ist dem Herrn Reichskanzler weiter bekannt, dass die Schweizer Regierung Friedensverhandlungen auf Grundlage des Verzichts auf Annexionen aller Art bei entsprechender Bereitschaft der deutschen Regierung schon jetzt für möglich und aussichtsreich erachtet?

Ist die deutsche Regierung bereit, der Schweizer Regierung von dem Friedensbedürfnis des deutschen Volkes Kenntnis zu geben und sich nunmehr zu Friedensverhandlungen auf Grundlage des Verzichts auf Annexionen aller Art bereit zu erklären?

II. Karl Liebknecht zum Gedächtnis
Aus einem Brief: »An die russischen Arbeiter«
(erschienen im Februar 1919 in den »Iswestija«,
Zentralorgan der russischen A.- und S.-Räte)

I.

Ihr habt seinen toten Körper, dessen Wunden gegen die Sozialisten-
verräter zum Himmel schreien, mit euren Tränen benetzt, mit der
roten Fahne der proletarischen Weltrevolution habt ihr ihn zuge-
deckt und ihn in euren Herzen aufgebahrt, damit er dort für immer
bleibe. Millionen von euch wissen von ihm nicht mehr, als dass er in
der schwarzen Nacht, die nur vom Aufblitzen der Kanonen erhellt
wurde, mit einer kleinen Schar aus dem Schützengraben aufbrach, um
für den Frieden zu streiten, dass er, von den Mächtigen ins Gefängnis
geworfen, standhaft jede Pein aushielt, und, kaum von Ketten befreit,
das Banner des Kampfes von Neuem erhob und mit ihm in der Hand
gefallen ist, gefallen an der Schwelle eines neuen Lebens.

Ich will aber, dass jeder Proletarier über Liebknecht mehr wisse,
dass er ihn liebe, nicht nur als blutüberströmtes Sinnbild eines Märty-
rers, sondern so, wie er im Leben war, mit seinen Fehlern und Vorzügen, nicht als »ausgeklügelt Buch«, sondern als »Mensch mit seinem
Widerspruch«. Der Mensch Liebknecht soll unser großes Vorbild sein,
ein Vorbild für unsere Jugend, die kämpfen lernen soll, ein Vorbild für
unsere Frauen, die sich vom Leben nicht erdrücken lassen sollen, ein
Vorbild für unsere wetterharten Männer, wenn sie von Zweifeln heimgesucht werden. Es ist die Zeit noch nicht gekommen, an eine ausführliche Lebensbeschreibung Karl Liebknechts zu gehen. In seinem Trau-
erhause hausen noch die Soldaten der deutschen Konterrevolution,
und da ich diese Worte schreibe, ist eine Einsicht in die hinterlassenen

Papiere nicht möglich, ja, illegal mich selbst verbergend, kann ich nicht einmal die gedruckten Dokumente sammeln. Aber ich glaube, dass ich sein reiches Leben in seiner Eigenart übersehe, und ich will es euch hier schildern, euch über ihn das sagen, was ich sagen würde, wenn ich am Tage der Totenfeier in Moskaus weißen Mauern wäre.

… An Liebknechts Wiege wurden Heldenlieder gesungen …

Die ersten Eindrücke, die der Knabe empfing, waren die Verfolgungen des Sozialistengesetzes. Die deutsche Bourgeoisie und die Hohenzollern suchten die ersten sozialistischen Regungen des deutschen Proletariats im Keime zu ersticken. Wer die verbrecherische Lehre verbreitete: »verprassen soll nicht der faule Bauch, was fleißige Hände erwarben«, wer die Armen und Entrechteten weckte, für den gab es keine ruhige Arbeitsstätte, der musste verfolgt von Ort zu Ort wandern, nirgends vor Häschern sicher.

Wilhelm Liebknecht blieb auf dem Posten und stellte den Kampf für den Sozialismus auch dann nicht ein, als es wieder galt, durch Leiden zu bezeugen, dass man für die Befreiung der Menschheit lebt. Karl mag als Kind sich oft gefragt haben, wonach die fremden Herren in der Wohnung seiner Vaters schnüffeln, weshalb Leute heimlich nachts ins Haus kommen, still flüsternd wie Diebe: Gute Menschen mussten es sein, da sie, von den Eltern freundlich empfangen, ihm, dem Kleinen, über das schwarze Köpfchen streicheln. So wuchs er auf in den Jahren der Verfolgung als Sohn des Soldaten der Revolution. Soldat, Kämpfer der Revolution zu sein, das war die Gabe, die ihm in seine Wiege gelegt wurde.

Das Sozialistengesetz fiel. Der wachsende, erstarkende Kapitalismus hatte gleichzeitig auch die Arbeiterklasse zahlenmäßig verstärkt, und mit dem Wachstum der Arbeiterklasse wuchs die deutsche Sozialdemokratie trotz aller Verfolgungen. Es begann der »neue Kurs«, der Versuch, die Arbeiterklasse durch soziale Zugeständnisse zu gewinnen, und obwohl er äußerlich bald einem neuen scharfen Kurs wich, so war doch der Sinn dieser Epoche der, dass, während der erstarkende Kapitalismus den Massen der qualifizierten Arbeiter erträglichere Lebensbedingungen gewährte, er sie dadurch vom scharfen revolutionären Kampfe zurückhielt. Nach außen hin bekam der Sozialismus »rote Backen«. Die Parteiorganisationen wuchsen, die Gewerkschaften blühten auf. In den Zahlabenden und auf den Parteitagen wurden revolutionäre Resolutionen angenommen. In der Praxis aber wurde der Kampf nur für kleine Verbesserungen der materiellen Lage der Arbeiter, nicht für die revolutionären Umwälzungen geführt. Und da Taten für den Charakter einer Partei ebenso maßgebend sind, wie sie den Charakter eines Menschen bestimmen, so wurde die Sozialdemokratie eine Partei der Reform und nicht der Revolution, mochte sie noch so revolutionäre Worte gebrauchen.

Karl Liebknecht, der in der Zeit dieser Mäßigung und Versteinerung zum Jüngling heranwuchs, der mit größter Anteilnahme die politischen und sozialen Ereignisse verfolgte, wenn er auch damals noch nicht aktiv in die Politik eingriff, war gleichsam schon erblich gegen diese Verbürgerlichung und Mechanisierung des revolutionären Geistes gesichert. Im Hause Wilhelm Liebknechts lebten die Traditionen des Jahres 1848, die Überlieferung der Revolution und des Kampfes um die Republik.

Es fiel mir schon vor zehn Jahren auf, als ich zum ersten Male Gelegenheit hatte, die deutsche Parteiführerschaft kennen zu lernen, dass Karl Liebknecht einer der »bodenständigen« Führer war, für den der Republikanismus kein rein theoretisches Bekenntnis, sondern eine praktische, aktuelle Frage war. Und das Zweite, was in die Augen sprang, war die Tatsache, wie wenig versteinert er in der Auffassung war, dass die Entwicklung langsam sein werde, dass weder die staatlichen noch die sozialen Verhältnisse in absehbarer Zeit in Fluss geraten werden. Dabei handelte es sich bei ihm keineswegs nur um das theoretische Abwägen der Kräfte, die das ruhige »friedliche« Europa bald in Aufruhr würden bringen können. Die Situation war noch nicht revolutionär, es galt zu den Massen zu gehen, um sie zu wecken.

Und da tritt wieder ein charakteristischer Zug Liebknechts zutage. Vor dem Kriege wurde oft gegen ihn eingewendet, er sei sehr »breit« in seinen Auffassungen, jede Form der Betätigung sei ihm lieb, wenn sie auch »prinzipiell« nicht von größerer Bedeutung sei. Die Grundlage dieser Anklage bildet die in Deutschland ungewöhnliche Lebendigkeit Liebknechts, die ihm nicht erlaubte, aufgrund irgendwelcher doktrinärer Erwägungen, auf irgendein Mittel zur Beeinflussung der Arbeiter zu verzichten. So erklärt sich auch sein Eingreifen in die

Bewegung für den Austritt aus der Kirche. Er hatte ein gutes Auge für neue Bedürfnisse, für neue, sich anbahnende Bewegungen.

Als er in die Politik eingriff, zeigten sich die ersten Zeichen des auch in Deutschland erstarkenden Imperialismus, des Hinausgreifens des Kapitals über die »vaterländischen Grenzen« nach neuen Profitjagdgründen. Die Partei verstand die daraus entstehenden Kriegsgefahren, aber nur Liebknecht sah sie bildlich lebendig, als den Moloch, der seine Arme nach Millionen deutscher Jünglinge ausstreckt. So war er einer der wenigen, die zu der bedrohten Jugend eilten, um sie gegen diese Gefahren aufzurufen. Die Partei verpönte die besondere antimilitaristische Agitation. Sie erklärte, die Erziehung der proletarischen Jugend müsse sie von selbst gegen den militaristischen Geist bewaffnen, und der gesamte Kampf des Proletariats gegen den Kapitalismus sei gleichzeitig ein Kampf gegen den Militarismus. Aber Liebknecht fühlte das Falsche in diesen »grundsätzlichen« Erwägungen. Er sah, dass die »Erziehung« der proletarischen Jugend allein nicht genüge, sondern dass die Jugend auch besonders gegen den Militarismus aufgerüttelt werden müsse. Er wusste wohl, dass der Militarismus nur zusammen mit dem Kapitalismus durch die proletarische Revolution zertrümmert werden kann, aber er verstand, wie wichtig es für diese Revolution ist, den in Soldatenkleider eingezwängten jungen Proletariern klar zu machen, dass ihre Befreiung vom Militarismus nur ein Teil des allgemeinen proletarischen Befreiungskampfes sein könne. Die Parteiführer schüttelten die Köpfe über die Sonderaktionen dieses »Brausekopfes«, aber der junge Liebknecht hielt zähe an seiner Sache fest. Sein revolutionäres Gefühl trieb ihn unabwendbar dazu.

Das Bewusstsein der drohenden internationalen Gefahr stärkte in Liebknecht die ererbten Gefühle des Internationalismus. Er war einer der wenigen in Deutschland; die das lebhafteste Bedürfnis hatten, zu wissen, wie es in den Bruderparteien steht, nicht nur in Frankreich oder Russland, sondern selbst in einer beliebigen kleinen Balkanpartei.

Seine Reisen nach Amerika und Frankreich, sein nahes Verhältnis zu den russischen Genossen entsprangen dem Bewusstsein, wie unermesslich wichtig es ist, die internationalen Beziehungen zu pflegen. Und wie eingehend, wie unermüdlich ließ er auf der Reise zum internationalen Kongress in Kopenhagen, die wir von Berlin aus gemeinsam mit Leo Trotzki machten, sich über die verwickelten russischen Fragen belehren! Man wusste, für Liebknecht ist die Internationale kein formelles Bündnis verschiedener Parteien, sondern sie ist sein wirkliches Vaterland, wie es später die Leitsätze der Spartakusgruppe sagten.

Die wertvollsten politischen Eigenschaften Liebknechts mussten ihn schon vor dem Kriege bei einem Teil der Führer unbeliebt machen, während sie ihm Popularität in den Arbeitermassen und in der Internationale schufen. Er sprang zu sehr aus den Reihen der deutschen Parteien heraus, als dass er nicht des Ehrgeizes hätte beschuldigt werden müssen. Dazu kamen noch seine menschlichen Eigenschaften, durch die er ebenfalls von dem vorgeschriebenen Typus eines würdigen Parteiführers abwich. Er liebte das Leben; ungehemmt und unbekümmert griff er nach ihm, wo es ihn lockte. Es steckte so wenig von Philistertum in diesem Knaben Absolom, so wenig von Heuchelei, so viel von kindlicher Freude am Leben, dass viele darüber den tiefen Ernst, die Milde und Feinheit seines Wesens übersahen. Ich werde nie vergessen, wie wir einmal bei einem Spaziergang im Gespräch auf Peer Gynt gerieten. Er kannte das Drama in der Übersetzung von Passarge, und ich erzählte ihm von den Feinheiten der Morgensternschen Übertragung. Er kam zu mir und las drei Stunden lang – es war schon weit nach Mitternacht – die Übersetzung Morgensterns. Als er zu jener Szene kam, in der Peer Gynt im Säuseln der Blätter die Lieder, die er nicht gesungen, die Tränen, die er nicht geweint, die Kämpfe, die er nicht gefochten, klagen hört, klagen über ein Leben, das nicht g a n z war, da strafften sich in Liebknechts Gesicht die Züge, und er sagte: »Die verfluchte halbe Zeit, und trotzdem kann man, muss man ein g a n z e s Leben führen«. So war er vor dem Kriege, ein zündender Agitator, ein tatkräftiger Politiker, ein Feuerkopf, lebhaft und lustig, ein Liebling der Arbeiter, ein Liebling der Frauen, ein Mensch, gut – wie die Polen sagen – zum Kämpfen und zum Kneipen. In jeder Geste war er der Sohn seines Vaters, des großen Volksführers, des großen, lebendigen Menschen, der lachen konnte wie ein Kind.

Es kam der Krieg, und sein Feuer schmiedete aus allen diesen Elementen des Liebknechtschen Temperaments und Charakters den Helden der deutschen Arbeiterklasse.

II.

Der Krieg kam. Mit den ersten Nachrichten gelangte das Gerücht ins Ausland, Liebknecht sei zusammen mit Rosa Luxemburg füsiliert worden. Diese Nachricht eilte der Wirklichkeit voraus, sie zeigte aber, dass im Auslande Feind und Freund wusste, von wem der Kampf gegen die Mächte des Krieges zu erwarten sei. Liebknecht war durch diese sich überstürzenden Ereignisse aufgewühlt. An der Schwelle des heroischen Abschnittes seines Lebens zahlte er den letzten Pflichtzoll der Partei, deren revolutionäre Macht sein zerronnener Traum war. Der Glaube, der 4. August werde nur eine traurige Episode bleiben, veranlasste ihn, die Disziplin zu wahren und auf den offenen Protest gegen den Krieg am 4. August zu verzichten. Nach einigen Tagen sah er ein, dass er einen großen Fehler begangen hatte. Er näherte sich Rosa Luxemburg, deren streng theoretisch festgelegte Linie seiner breiten suchenden Natur fremd war, und entstand zwischen beiden, trotz aller Unterschiede der Wesensart, ein Bund auf Leben und Tod. In den ersten Wochen des Krieges versuchen sie, sich an die Arbeitermassen zu wenden; die Regierung verbietet es. Liebknecht ist entschlossen, bei der zweiten Kreditabstimmung das Banner der Rebellion zu erheben. Er versucht ein gemeinsames Vorgehen der 14 Abgeordneten, die in der Reichstagsfraktion gegen die Annahme der Kriegskredite auftraten, zu erreichen. Sie versagen. Liebknecht, dem die Feiglinge später vorwarfen, er handle nur aus Eitelkeit, um als Einziger zu glänzen, rang bis zum letzten Augenblick, um aus der Schar der wankenden Kollegen wenigstens zwei, wenigstens einen, auf den Weg des gemeinsamen Kampfes mit sich zu ziehen. Es war ein Jammer, zu sehen, wie er, obgleich er alle Mittel der intellektuellen und moralischen Beeinflussung anwandte, doch in einer Fraktion von über hundert Mann keinen Menschen zu erschüttern, keinem beizubringen vermochte, dass es galt; mit allen faulen Kompromissen zu brechen. Es zeigte sich, wie sehr letzten Endes der Zusammenbruch der Führerschaft ein moralisches Problem war. Liebknecht blieb allein. Seine Züge verhärteten sich, ein bitterer Zug legte sich um seinen Mund. Er entschloss sich, allein vorzugehen, trotz des Abratens der Freunde. In jener Stunde sah ich, wie in Liebknecht die letzten Zweifel zerrannen, wie sich in ihm die große moralische Kraft auslöste, die ihn bis zum Tode nicht verließ: die eiserne Entschlossenheit, den Weg dem Wiedererwachen des Sozialismus zu bahnen, selbst wenn es gelten sollte, alle Speere in der eigenen Brust aufzufangen.

Der Kampf um die in den Schmutz getretene Fahne des Sozialismus wurde in der vollen Öffentlichkeit aufgenommen. Die gesamte Presse suchte ihn niederzuwerfen, teils durch Verleumdungen, teils durch Bagatellisierung seiner Tat. Er sollte terrorisiert werden durch Drohungen und durch Suggestion, dass er sich nutzlos opfere. Doch Tausende nahmen Stellung für ihn. Die Erklärung über die Motive seiner Sonderabstimmung[18] wurde von tausend Arbeitern abgeschrieben und vervielfältigt; sie ging von Hand zu Hand, sie weckte das Verantwortungsgefühl und verband Männer und Frauen zum Kampfe. Liebknecht wurde zum Mittelpunkt der entschiedenen Opposition. Ende Dezember 1914, als ich in die Schweiz kam, wurde es mir in vollem Umfange klar, wie fruchtbar seine Tat international wirkte. Sie war das erste weithin sichtbare Zeichen, dass es in Deutschland revolutionäre Kräfte gab. Lenin, dieser Mann ohne jede Phrase, der vielleicht am schärfsten die Tiefe des Zusammenbruches der Internationale ausmaß, verstand sofort, dass der Entschluss, das Banner der Rebellion gegen die gesamte Fraktion zu erheben, eine Entscheidung ist, die das Signal zu unvergänglichen Taten gibt. Liebknechts Name wurde in der wachsenden Avantgarde des russischen Proletariats einer der geliebtesten, und nicht anders war es in Frankreich, in Italien. Barbusse hat ihn in seinem »Feuer« ein Denkmal gebaut, das des einzigen Deutschen, der wie ein Stern in der dunklen Nacht dem letzten Posten des französischen Sozialismus leuchtete …

Als im Oktober 1915 die versprengten Teile der kämpfenden Überreste der alten Internationale sich in Zimmerwald versammelten und Ledebour im Namen seiner Anhänger (der späteren Unabhängigen) auf Angriffe von links erklärte, es gäbe keine Fraktion Liebknecht, da rief ihm der besonnene Trotzki unter dem lebhaften Beifall der Franzosen und Italiener zu: »Für uns gibt es n u r die Fraktion Liebknecht.«

---

18   Siehe S. 56 u. ff. D.H.

Durch die Denunziationen der sozialpatriotischen Presse genötigt, in der Schweiz zu bleiben, sah ich Liebknecht in diesen Jahren nicht wieder. Aber aus jedem seiner Spartakusbriefe, aus jeder seiner »kleinen Anfragen«[19] schaute mir das im Kampfe verhärtete Gesicht entgegen. Er war bereit, die letzten Konsequenzen zu ziehen … Auf einen konspirativen Brief, in dem wir ihn baten, sich nicht zu sehr zu exponieren, antwortete er mir auf einer Postkarte aus Litauen mit einem Wort seines geliebten Euripides.

»Und liebe die Sonne nicht zu sehr
und nicht zu sehr die Sterne!«

Er verschwieg die folgenden Worte des Dichters:

»und folge mir ins dunkle Grab«,

denn jede Pose war ihm, dessen Leben eine heroische Tat wurde, fremd. Wer Liebknecht vor dem Krieg und während des Krieges kannte, der sah und konnte direkt mit Händen fassen, wie die unerhörte Verantwortung, die auf ihm lastete, aus einem frohen Menschen, der das Leben liebte und deshalb vielen vieles zu verzeihen verstand, einen eisernen, unerbittlichen Kämpfer machte, wie ihn die Zeit verlangte. Wer ihn vor dem Kriege und im Kriege kannte, merkte förmlich, wie sein Charakter sich metallisch verhärtete.

Als die Nachricht von seiner Verhaftung auf dem Potsdamer Platz kam, fragten viele Freunde im Ausland, weshalb er in seiner exponierten Stellung an Demonstrationen teilnahm. Viele sahen darin ein Zeichen großer innerer Erregung, die ein Führer beherrschen können müssen. Was ihn aber auf die Straße getrieben hatte, war Pflichtbewusstsein. Das Vertrauen zu dem sozialdemokratischen Worte war, dank dem Verrat der Sozialdemokratie, so tief gesunken, dass, wer eine neue revolutionäre Macht bilden wollte, sich auf den geistigen Generalstabsdienst hinter der Feuerfront nicht begrenzen konnte. Der »Leichtsinn« Liebknechts war tiefe Klugheit, und sein Zuchthaus-

---

19   Siehe Seite 139 u. ff. D.H.

martyrium hat für die Revolution mehr getan, als das »vorsichtige« Wirken einer ganzen Partei tun konnte. Die Zelle des Armierungssoldaten Karl Liebknechts wurde zum Zentrum einer ausströmenden moralischen Kraft, die keine Isolierungskunst der Regierung eindämmen konnte. Das »Ich hab's gewagt« schallte hinaus in die Welt, feuerte zur Nachahmung an.

Es brach die russische Revolution aus, die erste Armee des Imperialismus meuterte, die erste des Sozialismus begann sich zu bilden. Als wir in Brest-Litowsk mit dem Grafen Mirbach und dem General Hoffmann am Verhandlungstisch saßen, da sprachen wir über ihre Köpfe hinweg mit dem Zuchthaussträfling und den Seinen. Das deutsche Proletariat antwortete auf unsern Ruf. Der Januarstreik brach aus. Keiner von uns nahm an, dass dies der Sieg sei, dass der deutsche Imperialismus nachgeben würde, und trotzdem lehnte Trotzki jedes Kompromiss ab. Es galt, trotz der größten Gefahr, dem deutschen Proletariat zu zeigen, dass wir ihm vertrauen. Es galt, dem Weltproletariat zu zeigen, dass uns der deutsche Imperialismus zerschmettern kann, aber dass wir freiwillig mit ihm keine Kompromisse schließen. Später, als wir doch genötigt wurden, den Frieden zu schließen, das Brester Kreuz auf uns zu nehmen und zurückzuweichen, da fragten wir uns oft in Unruhe: Verstehen Liebknecht und die Seinen unsere Lage und Taktik? Und Liebknecht erzählte mir später, welche Qualen er im Zuchthaus litt, als er dachte, dass alle unsere Opfer nutzlos sein könnten, dass die deutsche Arbeiterklasse vielleicht nicht zeitig genug aufstehen würde, um sich mit uns zu verbinden. Er fürchtete, dass wir mit unseren Zugeständnissen zu weit gehen würden, und rief aus dem Zuchthaus seine Freunde an, zu handeln, damit uns der letzte bittere Kelch erspart bleibe.

Aus Angst vor der nahenden Revolution ließ ihn die am Rande des Bankerotts stehende Regierung des deutschen Imperialismus frei. Sein erster Gang war in die russische Botschaft. In der Nacht nach seiner Befreiung teilte uns Bucharin mit, Karl sei mit uns vollkommen einig. Die Freude der russischen Arbeiter über Liebknechts Befreiung lässt sich nicht aussprechen. Hätte er damals zu uns kommen können, kein König ist jemals so empfangen worden, wie Liebknecht von den russischen Arbeitern empfangen worden wäre.

153

Als ich Ende Dezember nach Deutschland kam und nach vier Jahren Liebknecht die Hand wieder drücken konnte, sagte er ruhig, ohne die geringste Enttäuschung: »Wir sind erst am Anfang, der Weg wird noch lang sein.« Und wir waren mit Rosa Luxemburg und ihm einig, dass man die Entfernung bis zum Ziele nur abkürzen kann durch unermüdliche Agitation, Propaganda und Aktion. Wer miterlebt hat, wie die beiden vom frühen Morgen bis zum späten Abend arbeiteten, wie sie entschlossen die letzten Bande zerschnitten, die sie mit der Welt der Halbheit noch verbanden, indem sie die Kommunistische Partei Deutschlands gründeten, wer es erlebte, wie sie inmitten des revolutionären Taumels die eigenen Anhänger warnten, der konnte tiefes Vertrauen zur kommunistischen Bewegung Deutschlands fassen.

Liebknecht sollte die neue Zeit nicht erleben. Die erste Welle der proletarischen Revolution trug ihn weiter, als er wollte, riss ihn mit sich. Im Sturm sah er die Entfernung nicht genügend scharf. Als der Januaraufstand niedergeworfen war und die sozialpatriotische Regierung nach ihm fahndete, wagte niemand, ihm den Gedanken an die Flucht nur nahezulegen, obwohl es klar war, dass seine Verhaftung Todesgefahr barg. Er wollte sich der Pogromhetze entgegenwerfen. An dem Tage, an dem ihn die Mörderkugel erreichte, regte er den Gedanken an, in den nächsten Tagen öffentliche Versammlungen einzuberufen. Da fiel er in die Hände der Schergen, die in ihm und Rosa Luxemburg die deutsche internationale Revolution treffen wollten. Er fiel im Kampfe in seiner ersten Phase, voll Zuversicht und Siegesbewusstsein. Er fiel, wie er lebte: auf der Kampfesposition gefangen genommen. Und wir, die wir ihn nahe kannten in seinen Vorzügen und Schwächen, die wir den unermesslichen Verlust verstehen, den die Revolution erlitt, da aus ihren Reihen dieser eiserne Kämpfer gerissen wurde, wir sagen an seinem Grabe: »Für uns wird er ein Muster sein für die Treue dem Sozialismus gegenüber, für den Opferwillen und für den Mut, ohne den die Revolution nicht siegen kann!« Liebknecht beseelte die tiefe Einsicht nicht nur in die objektive Notwendigkeit des Kommunismus, sondern die noch tiefere persönliche Sehnsucht nach dem vollen harmonischen Leben, das nur auf dem Boden des Kommunismus möglich ist, und diese Sehnsucht entsprang einer unermesslichen Liebe und Güte, einem Mitgefühl mit jeder leidenden

Kreatur, einer Hilfsbereitschaft, ohne die der Sozialismus ein Schemen ist. Die Öffentlichkeit kennt nur Liebknecht, den heroischen Kämpfer. Breite Kreise der Proletarier, die sich an ihn als Rechtsanwalt wandten, die bei ihm menschliche Hilfe fanden, liebten ihn als Menschen. Der Kämpfermut Liebknechts war die Vereinigung seiner Liebe zu jedem Menschen und der Einsicht, dass in der Zeit, in der wir leben, man nicht helfen kann dem individuellen Leid, ohne den Kampf auf Leben und Tod für den Sozialismus zu beginnen. In diesem jetzt tobenden Kampfe fiel er. Und ihm werden Tausende in den Märtyrertod folgen, bis die nackte, hungernde, mit Wunden bedeckte Menschheit ihrer Märtyrer in Liebe zu gedenken, Muße haben wird. Soldat der Revolution nannte sich sein Vater. Karl Liebknecht ist die Ehre zugefallen, diesen Titel mit seinem Tode im Kampfe zu erwerben. Die Sowjetrepublik hat für ihre tapfersten Söhne das Zeichen des »Roten Sternes« gestiftet. Leget es am Grabe Liebknechts nieder, und möge jeder unserer Freunde keine größere Ehre kennen, als die, durch die Erringung dieses Zeichens sich Karl Liebknechts Geiste anzunähern, der den Weg ging, den wir bis zu Ende schreiten wollen, auch wenn jeder von uns sich den Roten Stern erst auf der Bahre erwerben sollte.

Berlin, den 18. Januar 1919

Karl Radek.